读经典 塑品格

论语里的处世哲学

朱晓平 编著

南方日报出版社
NANFANG DAILY PRESS
中国·广州

图书在版编目（CIP）数据

论语里的处世哲学 / 朱晓平编著. — 广州：南方日报出版社，2022.10（2023.5重印）
（读经典　塑品格）
ISBN 978-7-5491-2602-6

Ⅰ. ①论… Ⅱ. ①朱… Ⅲ. ①儒家②《论语》—青少年读物 Ⅳ. ①B222.2-49

中国版本图书馆CIP数据核字(2022)第180891号

DU JINGDIAN　SU PINGE
读经典　塑品格
LUNYU LI DE CHUSHI ZHEXUE
论语里的处世哲学
朱晓平　编著

出版发行：南方日报出版社
地　　址：广州市广州大道中 289 号
出 版 人：周山丹
策 划 人：柏沐芸
责任编辑：方　明　曹　星
特约编辑：曾巧英　苏金璇
责任技编：王　兰
责任校对：阮昌汉　朱晓娟
文稿统筹：何亚珂　张　煜
插图绘制：谢　晨
装帧设计：李　健
经　　销：全国新华书店
印　　刷：长沙鸿发印务实业有限公司
开　　本：710 mm × 960 mm　1/16
印　　张：12.25
字　　数：148 千字
版　　次：2022 年 10 月第 1 版
印　　次：2023 年 5 月第 5 次印刷
定　　价：45.00 元

投稿热线：（020）87360640　读者热线：（020）87363865

推荐序一

很荣幸受到晓平老师的邀请，给他用心多年的作品写序。

我想这不仅是一本书，而是背后的历程。因为一个人说出来的话代表他读过的书、走过的路。晓平老师所选择的题材一定不是随便挑选的，里面必有深层觉知。

孔子曾经说过儒者有两类，一类叫小儒，一类叫大儒。

小儒是指以儒业为生的人。用现代的话来说就是，他们通过“从事教育”来谋生，在他们眼中，教育是一个职业，是为了生活而做的工作。这类把教育当成工作的人，会把话说给别人听，而并不要求用于自己身上。

用于别人身上的叫知识，用在自己身上的才叫智慧。而晓平是属于智慧类的，是大儒。他把从事教育当成自己修身的过程，把通过教化自己而得到的体会无私地分享给受众。这类儒者从事教育越久，境界只会越高。我想晓平老师的文质彬彬不是天生的，而应该是修来的。在本书节选中也可以看到“文质彬彬，相辅相成”的这一段。

晓平老师有一句口头禅：“人人是老师，事事是案例，处处是学校。”他可以从任何一个人、一件事、一个境生发出对人的智慧启迪。晓平老师是一位用心生活、真心对人、恒心做事的人。他能有今天的影响力与知识无关，与做人有关。晓平老师节选孔子的话，正印证这一点，学做人一定首选孔子。

同时，晓平的作品还有《微教育》，可见在细微处觉察有多重要。只有拥有觉察力的人才能拥有反思反省的能力，而孔子就是善于反思和反省自己的人，也因此生发至上思想。思想的生发与一个人反思的能力成正比。晓平老师节选孔子的话是佳合。

这不是一本用来读的书，而是用来悟的书。

感谢晓平时时都给我们带来启迪。祝晓平老师身体健康、心想事成！

林青贤（字：恒辰）

2022 年 9 月 25 日

推荐序二

朱晓平先生将其新作《论语里的处世哲学》书稿发来让我写序，虽然时至孔子诞辰，各项活动很多，但我深知晓平先生多年来一直在努力传播弘扬传统思想文化，尤其在家庭教育领域成效卓著，这次又编写品德教育读本加惠世人，怎能不推开他务撰文予以支持？

本书内容全面，分作万世师表、志存高远、德行天下、孝悌为本、修己安人、君子之道、博学笃行、礼乐之美、谨言慎语九章，选取《论语》八十一条进行解读。每章首为本章导读，选择本章所节选的《论语》中的警句为本章箴言，然后对本章所节选的《论语》分别进行解读。节选的《论语》每条有原文，有注释，有译文，有具有针对性的品格塑造角度的解读，更有留给读者的思考，辅之以插图，图文并茂，不仅适合儿童阅读，成年人也会开卷有益，洵为少长咸宜的道德修养“教材”。

孔子首创私学就是要培养能够推行并践行自己政治思想的德才兼备的人才，所以儒家的教育非常重视人格道德的培养，而《论语》中许多篇章就是孔子进行道德教育的记录。正因如此，后世将《论语》作为道德培养的教材，在科举时代，《论语》是必须通修的兼经，是科举考试中不论专业人人必考的内容。

中国古代教育尤其重视对人格道德的培养，儒家的修养目标是内圣外王，成为道德高尚的圣人，“穷则独善其身，达则兼济天下”。中国人崇拜圣人，但并不认为圣人是高不可攀的，而是认为人人都可以成为圣人。孔子弟子子贡说孔子已经达到圣人境界，孟子认为“人皆可以为尧舜”，程颐认为“人皆可以至圣人”，朱熹认为学习超凡入圣就可以成为圣人。虽然理论上人人都可以成为圣人，但并非每个人都能成为圣人。不能成为圣人，但可以成为君子，成为士。荀子认为“彼学者，行之，曰士也；敦慕焉，君子也；知之，圣人也。上为圣人，下为士君子，孰禁我哉！”学习学问的人，能够付诸实践的就是士，勤奋努力、孜孜不倦的就是君子，精通学问的就是圣人。通过学习，人可以成为士，可以成为君子，可以成为圣人。只要个人努力是没有人能够禁止的。

学习《论语》并付诸实践，就可以成为士，成为君子，成为圣人，这是作者的愿望，也是我对读者的期望。

故为序。

孔祥林

2022 年 9 月 28 日

目录

第一章　万世师表

第二章　志存高远

第三章　德行天下

第四章　孝悌为本

第五章 修己安人

第六章 君子之道

第七章 博学笃行

第八章　礼乐之美

第九章　谨言慎语

第一章

万世师表

本章导读

天不生仲尼，万古如长夜。

两千多年前，孔子将“官学下沉”，使平民百姓也有了读书学习的机会，让中华文明得以传承和延续至今，因此孔子也被尊称为“万世师表”“至圣先师”。

那么，孔子是个怎样的人？他的学生如何评价他？他本人又有着怎样的自我评价？他的教学内容是什么？又有着怎样的教学方法呢？

请走进本章，一起了解孔子。

本章箴言

◇夫子温、良、恭、俭、让以得之。

◇述而不作，信而好古。

◇学而不厌，诲人不倦。

◇不愤不启，不悱不发。

◇不义而富且贵，于我如浮云。

◇发愤忘食，乐以忘忧，不知老之将至云尔。

◇我非生而知之者，好古，敏以求之者也。

◇子以四教：文、行、忠、信。

◇夫子循循然善诱人，博我以文，约我以礼，欲罢不能。

◇不怨天，不尤人，下学而上达。

◇有教无类。

节选一

一个内在德行涵养深厚的人，外在的言行举止会让人升起恭敬信任之感。

读经典

子禽①问于子贡②曰：“夫子③至于是邦也，必闻其政，求之与？抑与之与？”子贡曰：“夫子温、良、恭、俭、让以得之。夫子之求之也，其诸异乎人之求之与④？”

——《学而第一》

注释

①子禽：即陈亢，字子禽，陈国人，据说是孔子的学生。

②子贡：姓端木，名赐，字子贡，卫国人，孔子的学生。

③夫子：古代的一种敬称，凡是做过大夫的人，都可以被称为“夫子”。这里指孔子。

④与：同“欤”。《论语》的“欤”都写作“与”。

| 译文 |

子禽向子贡问道："夫子每到一个国家，一定能够听得到这个国家的政事，这是他要求来的呢，还是别人主动告诉他的呢？"子贡说："这是夫子凭着温和、善良、恭敬、俭朴、谦让的品质获得的。夫子获得的方法，与别人获得的方法，不太一样吧？"

塑品格

温润善良　恭敬谦和

"温、良、恭、俭、让"是"至圣先师"孔子的道德涵养，是他周游列国的名片。孔子自内而外的温润善良，赢得了很多人的尊重和信任。两千多年来，在这种影响和传承下，中国人优秀的精神品格逐渐形成，也在世界形成独特而美好的中国印象。

| 微觉察 |

说到"温、良、恭、俭、让"的优秀品格，你脑海中最先浮现出来的人是谁？请把他的名字写下来，说说他为什么给你留下这么好的印象。

节选二

先贤们智慧无穷，他们流传下来的典籍中的优秀部分，我们要好好地学习和传承。

读经典

子①曰："述②而不作，信而好古，窃③比于我老彭④。"

——《述而第七》

注释

①子：《论语》中"子曰"的"子"都是孔子的学生对孔子的敬称。

②述：传述，阐述。

③窃：私自，私下。

④老彭：人名。据说是老子和彭祖两人。一说彭祖是姓，名铿，传说活了800多年，是长寿的代表。

| 译文 |

孔子说："只阐述而不创作，相信而且喜好古代的文化，我私下把自己与老彭相比。"

传承经典时，结合当下的学习和生活进行取舍和灵活运用就是创新。

塑品格

不忘本来 开创未来

站在巨人的肩膀上可以看到更广阔的风景，汲取古圣先贤的智慧可以更深刻地认识这个世界，在先贤智慧的基础上结合当今现实进行创造，在继承中发展，才能不断前进，不忘本来才能开创未来。

| 微觉察 |

有人说，某些创新就是把过去的各种要素进行重新整合，变成一个适合当下使用的东西。你同意这种说法吗？为什么？

节选三

一个人通过学习不断地开阔眼界和心胸，改过迁善，就会越来越幸福。

读经典

子曰：“默①而识②之，学而不厌，诲③人不倦④，何有于我哉？”

——《述而第七》

注释

①默：不出声，不说话。

②识：读zhì，记住。

③诲：教导。

④倦：疲倦。

译文

孔子说：“默默地（把所见所闻）记在心中，学习而不满足，教导别人而不知疲倦，这些事情我做到了哪些呢？”

对于老师而言，能够使每一个学生成为圣贤君子是多么美好的事情啊，是不会疲倦的。

塑品格

学而不厌 诲人不倦

默默学习知识而不炫耀，追求知识和智慧没有止境，传授他人知识没有疲倦，孔子对于知识的态度值得我们学习。知识不是用来炫耀的，因此“默”而识之；知识没有穷尽，学习也就没有穷尽，既不能自满，也不能退缩，所以学而“不厌”；对知识的探索不是某一个人的事，而是学者的责任，故而“诲人不倦”。今天我们应该继承这样的理念去学习，为自己，为国家，乃至为人类的发展而做出努力。

微觉察

孔子的学生子路性格急躁，遇事鲁莽，经常顶撞孔子，但孔子仍然耐心地教导他。你身边有这样耐心对待学生的老师吗？与大家分享一下他的故事吧！

节选四

老师教导学生，要等到学生特别想求学、求教的时候，再进行启发，因为这样教学的成效是最显著的。

读经典

子曰："不愤①不启，不悱②不发，举一隅③不以三隅反④，则不复也。"

——《述而第七》

注释

①愤：思考问题时有疑难想不通的样子。

②悱：读fěi，急于要说而说不清楚。

③隅：角落。

④反：推及，类推。

译文

孔子说："教导学生，不到他想弄明白而不得的时候，不去开导他；不到他想说却说不出来的时候，不去启发他。教给他东方，他却不能由此而推知其他三方，那就不再教他了。”

“不愤不启，不悱不发”是为人师的智慧，这种教学是启发式，不是“填鸭式”，老师在看到学生走到哪一步的前提下，不断地提醒，不断地提携，同时留足空间让学生自己消化和领悟。

塑品格

求知若渴　举一反三

你见过小鸡出壳的情景吗？快要出壳时，小鸡因为在蛋壳里憋闷得难受，会“哒哒哒”地啄蛋壳，鸡妈妈听到这么急促的声音后，就会在外面“啪”地啄一下，帮助小鸡成功出壳，成为一个鲜活的生命，参与多姿多彩世界的欣赏、创造与循环。学习也是如此，在学生有自我动力的前提下，老师只要见机施教，稍加引导，就能给到学生莫大的帮助。

微觉察

请你举一个例子说说你对“举一反三”的理解。

节选五

读经典

子曰：“饭①疏食饮水，曲肱②而枕之，乐亦在其中矣。不义而富且贵，于我如浮云。”

——《述而第七》

注释

①饭：吃。

②曲肱：弯曲着胳膊。曲，弯曲着。肱，读gōng，胳膊。

译文

孔子说："吃粗粮，喝冷水，胳膊一弯当枕头，这其中也有乐趣。通过不正当的手段得来的富贵，对我来说就像天上的浮云一样。"

塑品格

生活简朴 正心正行

什么是幸福？幸福是一种感觉，只要心情愉快，从粗茶淡饭中也可体会到人生的真趣，不一定要美酒佳肴。人生不如意事十之八九，但若能积极正向地待人处事，把艰难当成人生的历练，把痛苦当成成长的垫脚石，行正义之事，抵歪门邪道，就能让自己内心富足，给他人带来美好，获得幸福。

微觉察

有些人用不正当的手段获取财富，比如拐卖人口、诈骗、制假售假等，说一说这些恶行会给他人带来怎样的伤害，应该受到怎样的惩罚。

节选六

孔子说自己是一个勤奋学习，乐以忘忧的人，连年龄的增长都不知道了。

读经典

叶公①问孔子于子路②，子路不对。子曰："女③奚④不曰，其为人也，发愤忘食，乐以忘忧，不知老之将至云尔⑤。"

——《述而第七》

注释

①叶公：沈诸梁，字子高，封邑在今河南叶县境内，当时属于楚国。叶，读shè，地名。

②子路：姓仲，名由，字子路，鲁国人，孔子的学生。

③女：通"汝"，你。

④奚：怎么。

⑤云尔：云，如此，这样。尔，同"耳"，而已，罢了。

译文

叶公向子路问起孔子是怎样的一个人，子路不知如何回答。孔子对子路说："你为什么不这样说，他这个人啊，勤奋学习而忘记了吃饭，快乐无比而忘记了忧愁，连自己快要衰老了都不知道，如此而已。"

塑品格

勤奋好学 专注投入

孔子对自我的评价让我们看到了他的勤奋、乐观和对当下的珍惜，这一切都源于孔子对于学习知识的认真和投入。专注不仅使我们忘记烦恼和忧愁，也是我们取得成就的前提。专注于一件事，不是为了别的目的而做这件事，做这件事本身就是目的，这件事本来就会给我们带来快乐，加上专注使得我们在这件事上能取得的突破和成就感，这种乐趣是其他东西无法比拟的。

微觉察

做什么事情的时候你会沉浸其中忘记时间？相信这些事情中有着你的天赋，也有着属于你的快乐。和大家分享一下吧！

节选七

生而知之者是上等智慧之人，世间万物的义理不学就能知道了。

读经典

子曰：“我非生而知之者，好古，敏以求之者也。”

——《述而第七》

译文

孔子说：“我不是生下来就什么都懂的人，只是爱好古代文化，勤奋努力地去学习这些文化知识的人。”

孔子说自己并不是“生而知之者”，而是通过不断地勤奋学习先王典籍，才成了通晓万物义理的人。

塑品格

潜心求学 不耻下问

孔子出生于没落贵族家庭，三岁时父亲去世，十七岁时母亲亡故，做过管理仓库和管理牛羊的小官，这样的人在先秦时期犹如过江之鲫，数不胜数。如果没有不断地学习，孔子终究也只会是一个淹没在历史洪流中名不见经传的普通人。孔子求教过的人上至道家学派创始人老子，下至七岁的孩童，正是这样潜心求学、不耻下问的精神，才让孔子成为“至圣”，名垂青史。这就是学习所带来的改变，知识的力量。

微觉察

王安石的《伤仲永》里记录了这样一个故事：方仲永五岁提笔写诗，震动乡里，他的父亲以此为傲，每日带他拜访同县之人，以其诗牟利，不让他继续学习，结果到了他十二三岁时，这个曾经的“天才”已经和普通人没有什么区别了。联系孔子和方仲永的故事，说说你从中受到了怎样的启发。

节选八

读经典

子以四教：文、行、忠、信。

——《述而第七》

译文

孔子在以下四个方面教导学生：典籍文献、社会实践、对人忠诚、讲究信用。

学生不仅要学习知识，还要进行社会实践，更重要的是养成忠信的品格，因为良好的品格是作为人才的根本和基础，也是幸福人生的基石。

塑品格

品学兼优 全面发展

典籍文献是书本知识，社会实践是行为规范，对人忠诚和讲究信用是品格修养。文、行、忠、信代表了孔子的教学思想，也为我们学习和发展指明了方向：不仅要学习书本上的知识，还要将其应用于实践；不仅要注重知识技能的培养，还要注重品德和修养的提升。知识是基础，应用是目的，品德和修养是正确应用知识的保障。无论什么专业，学习什么知识，不注意这四个方面都是不能有所成就的。

| 微觉察 |

有人说：“把课本知识学好，考试时拿高分，考入名牌大学，毕业就可以为国家做贡献了。”你同意这种说法吗？为什么？

节选九

孔子学问无穷无尽、深广无边。

读经典

颜渊①喟②然叹曰："仰之弥③高，钻之弥坚。瞻之在前，忽焉在后。夫子循循然善诱人，博我以文，约我以礼，欲罢不能。既竭吾才，如有所立卓尔④。虽欲从之。末由也已。"

——《子罕第九》

注释

①颜渊：指颜回。字子渊，鲁国人，孔子的学生。

②喟：叹息。

③弥：愈，越。

④卓尔：高高直立的样子。

译文

颜回感叹着说："越是仰望越觉得老师崇高，越去钻研越觉得老师思想深厚。看见他本来站在前面，却忽然又到了后面。老师善于有步骤地引导我，用文献来丰富我的知识，用礼仪来约束我的言行，使我想停止学习都不可能。我已经用尽了自己的才能，而老师还是那样高大伟岸地伫立在前面。我虽然想紧跟着老师，却不知道怎么着手。

学问虽然高深莫测，但学生学习是次第有序、循序渐进的，先学习知识明理，而后做到克己复礼归仁。

塑品格

尊师重教 教学相长

茫茫人海，芸芸众生，学习是一场旅行，师生是一场美丽的相遇，旅途中需要相互扶持相互帮助，才能看见美好的风景。“仰之弥高，钻之弥坚”让我们感受到了学生对老师的尊重和崇敬，“循循然善诱人”让我们看到了老师对学生的爱心和耐心。老师要不断地自我提升方能给予学生更广阔的空间，学生也需要谦虚好学方能不断地自我超越。

微觉察

你最崇拜的老师是谁？他做的哪些事情给你带来了帮助或影响？

节选十

读经典

子曰：“莫我知也夫！”子贡曰：“何为其莫知子也？”子曰：“不怨天，不尤①人，下学而上达。知我者其天乎！”

——《宪问第十四》

注释

①尤：责怪，归罪。

译文

孔子叹道：“没有人了解我啊！”子贡说：“为什么说没有人了解您呢？”孔子说：“我不埋怨天，也不责备人，学习一些平常的知识，渐渐向上领悟出了高深的道理。了解我的恐怕只有天吧！”

孔子感慨的是大道不被人知，但是人不知而不愠，不亦君子乎？我们做人不仅要有担当，还要心胸豁达。

塑品格

道不远人 恒守正道

人人是老师，事事是案例，处处是学校。大道就在我们身边，却常常被人忽视，因为我们时常活在自我的欲望和认知之中。孔子能于平常的知识中悟出高深的道理是很不容易的，更不容易的是即使没人了解也不改变自己的原则。春秋时期，社会动荡，孔子的话难以为时局所用，孔子感叹只有老天懂他。正道亘古不变，即使一时不为所用，但终有被认同的一天。所以只要恪守正道，总会在某个时期点亮世人的心灯。

微觉察

你有不被理解的时候吗？该怎么处理这个问题呢？你认同以下哪些做法呢？为什么？

A.怨天尤人 B.反思自己 C.静观其变 D.寻求解决之道

节选十一

以前受教育是贵族阶级的专享，而孔子成为历史上第一个兴办私学的人，学生不分阶级，不分地域，不分智愚，只要肯虚心向学，孔子都一视同仁地对他们进行教育。

读经典

子曰：“有教无类。”

——《卫灵公第十五》

译文

孔子说：“对谁都进行教育，没有（贫富贵贱等）分别。”

孔子勤奋不倦，教学方式不拘一格，培养出了孔门七十二贤，被后人尊称为“万世师表”和“至圣先师”。

塑品格

有教无类 一视同仁

天不生仲尼，万古如长夜，我们要感谢两千多年前的孔子“有教无类”的教育行为，让更多的人可以得到受教育的机会，而不是将受教育的权利只给到贵族人群。无论对平民出身的颜回和子路，还是对贵族出身的孟懿子和南宫敬叔，孔子都一视同仁，通过其孜孜不倦的教诲，点亮学生心灯，启迪学生智慧。这样的无分别之心充分体现了“至圣先师”孔子的博爱之心。

微觉察

你知道我国为什么要实行九年义务教育吗？

第二章

志存高远

本章导读

志向是一个人前行的灯塔，在迷茫时、困顿时，给人希望，给人信心，给人方向。

志存高远，放飞梦想。人的成就大小往往与其志向大小成正比。周恩来在少年时代就心系天下安危，发出“为中华之崛起而读书”的豪迈誓言，后来成为中华人民共和国的开国元勋和首任总理，被世人称颂至今。

那么，孔子有着怎样的志向？他是什么时候立志的？他的学生又有着怎样的志向呢？

请走进本章，一起探寻。

本章箴言

◇老者安之，朋友信之，少者怀之。

◇吾十有五而志于学，三十而立，四十而不惑，五十而知天命，六十而耳顺，七十而从心所欲，不逾矩。

◇三军可夺帅也，匹夫不可夺志也。

节选一

子路的志向在柴米油盐的生存层面，颜回的志向在无我利他的生命层面。

读经典

颜渊、季路①侍②。子曰："盍③各言尔志？"子路曰："愿车马衣轻裘④，与朋友共，敝之而无憾。"颜渊曰："愿无伐⑤善，无施⑥劳。"子路曰："愿闻子之志。"子曰："老者安之，朋友信之，少者怀之。"

——《公冶长第五》

注释

①季路：即子路，因为事奉季氏，又称季路。

②侍：陪侍，陪在尊长身边站着。《论语》中，单用"侍"，指孔子坐着，弟子站着；"侍坐"，指孔子和弟子都坐着；"侍侧"，或坐或立。

③盍："何不"的合音字。

④轻裘：轻暖的皮衣。

⑤伐：夸耀。

⑥施：表白。一说，施加给别人。

| 译文 |

孔子坐着，颜渊、季路两人站在孔子身边。孔子说：“你们为什么不各自谈谈自己的志向？”

子路说：“我愿意拿出自己的车马、衣服，和朋友们共享，即使用坏了也不会心生不满。”

颜渊说：“我愿意不夸耀自己的长处，不宣扬自己的功劳。”

子路说：“我们希望听听老师的志向。”

孔子说：“老年人安度晚年，朋友之间相互信任，年幼的人得到照顾。”

塑品格

心怀天下 人人幸福

人的境界不同，志向自然也有所不同。子路不恋外物，重情义，可见其心中装着朋友；颜回谦虚博学，不自夸，可见其心中不急于证明自我；孔子有仁爱之心，希望人人都可以和睦幸福，可见其心中装着天下。回到我们自己，我们的境界在哪里、志向在何方呢？

| 微觉察 |

你觉得你的心中可以装着多少人的幸福呢？你希望自己可以帮助多少人？

节选二

要明确自己生命的意义和价值，知道自己每个阶段要做的事情是什么。

读经典

子曰："吾十有五①而志于学，三十而立②，四十而不惑，五十而知天命，六十而耳顺，七十而从心所欲，不逾（yú）矩③。"

——《为政第二》

注释

①十有五：即十又五，指15岁。古人在整数和小一位的数字之间多用"有"字表示相加。有，同"又"。

②立：站立，这里是"站得住"的意思。

③矩：礼法，规矩。

译文

孔子说："我十五岁，有志于学问；三十岁，说话做事都有把握；四十岁，不致迷惑；五十岁，得知天命；六十岁，一听别人的言语，便可以分辨真假，判明是非；到了七十岁，便随心所欲，任何念头都不越出规矩。”

塑品格

立志于道　一生修行

孔子对自己一生做了个总结：他一生都在修行，十五至七十，在一生的各个阶段，孔子都有其应有的感悟，不断地积累修行，达至“从心所欲而不逾矩”的境界。我们不能期望在幼年就能有深厚的涵养，也不能放任只有“年高”却不“德劭”。我们现在是否每日在积累着，向着更美好的自己一点点进步呢？

微觉察

“无志者常立志，有志者立长志”，请联系生活实际谈谈你对这句话的看法。

节选三

“三军夺帅”是一件极其艰难的事情，但比这更难的是夺人之志，因为“夺帅”是可以靠外力完成的，而“夺匹夫之志”是不能靠外力实现的。

读经典

子曰：“三军①可夺帅也，匹夫不可夺志也。”

——《子罕第九》

注释

①三军：周朝的制度，诸侯中的大国可以拥有军队三军。因此便用“三军”作军队的通称。

译文

孔子说：“一国的军队，可以使它丧失主帅；一个男子汉，却不能强迫他放弃志向。”

叶挺将军在“皖南事变”后被捕入狱，面对敌人的威逼利诱，他严词拒绝，坚贞不屈，在牢房中写下《囚歌》以明志。

塑品格

志存高远 守住中心

志向是一个人的中心，守住志向便可摆脱各种诱惑和压力，坚定这个中心，便可以围绕着自己的志向做决定，矢志不移地向着自己的理想迈进。志向好比一个种子，种在自己的内心，根扎得越深，树长得越高。

|微觉察|

你的志向是什么？为了达成志向，你觉得自己需要摆脱哪些诱惑呢？

第三章

德行天下

本章导读

国无德不兴，人无德不立。

仰望天上的云，架起登天的梯。人生事业的灿烂之花，不仅要靠豪情壮志来“施肥”，更要靠辛勤的汗水去“浇灌”。“心”动更要“行”动，把良好的精神品格融入“行”中，才能走得更远。

那么，孔子有着怎样的“德”和“行”呢？他又给身边人带来怎样的影响呢？

请走进本章，一起听一听，看一看。

本章箴言

◇慎终追远。

◇人而无信，不知其可也。

◇富与贵，是人之所欲也；不以其道得之，不处也。贫与贱，是人之所恶也；不以其道得之，不去也。

◇德不孤，必有邻。

◇己欲立而立人，己欲达而达人。

◇中庸之为德也，其至矣乎！

◇吾未见好德如好色者也。

◇非礼勿视，非礼勿听，非礼勿言，非礼勿动。

◇刚、毅、木、讷，近仁。

◇志士仁人，无求生以害仁，有杀身以成仁。

节选一

读经典

曾子曰："慎终①，追远②，民德归厚矣。"

——《学而第一》

注释

①终：父母的死亡。

②追远：追念祖先以表达敬意。

译文

曾子说："谨慎地对待父母的死亡，恭敬地追念祖先，就能使民心归于淳厚了。"

塑品格

敬畏祖先 重视德行

根深才能叶茂，父母和先祖都是我们的“根”，是我们生命缘起的地方，当我们对他们心存感恩和敬畏时，就会对当下多一份珍惜，也会对我们的后代多一份责任和仁爱。这样，家庭会更加和睦，社会也会更加和谐。而家庭和睦、社会和谐正是国家繁荣昌盛的基础。

微觉察

以下哪些是祭祖的日子呢？你参与过吗？谈谈你的感受。

A.清明节　B.中元节　C.祖先忌日　D.黄帝故里拜祖大典

节选二

读经典

子曰：“人而无信①，不知其可也。大车无輗(ní)，小车无軏(yuè)，其何以②行之哉？”

——《为政第二》

注释

①信：守信用。

②何以：即“以何”，靠什么。

译文

孔子说：“作为一个人，却不讲信用，不知那怎么可以。大车如果没有安横木的輗，小车如果没有安横木的軏，车子靠什么走呢？”

塑品格

诚信为本 言而有信

遇事抓重点，找到问题的关键所在，才能产生事半功倍的效果。对于牛车、马车而言，輗和轨是连接的关键；对于人生而言，诚信就是重点和关键。一个人如果没有了诚信，就好像车没有了輗和轨。车没有了輗和轨，就无法前行；人没有了诚信，就无法立足于社会。诚信是一个人立身处世的根本，所以，我们要从生活中的小事做起，做到言而有信。

微觉察

上了国家失信名单的人会面临怎样的后果？

节选三

如果富贵不是通过正确的途径获得，那就不要去接受富贵；如果贫贱不是通过正确的途径摆脱，那就不要去摆脱贫贱。

读经典

子曰：“富与贵，是①人之所欲也；不以其道得之，不处②也。贫与贱，是人之所恶(wù)也；不以其道得之，不去也。君子去③仁，恶④乎成名？君子⑤无终食之间⑥违仁，造次⑦必于是，颠沛⑧必于是。”

——《里仁第四》

注释

①是：这。

②处：接受，享受。

③去：摆脱，避开。

④恶：同“乌”，读wū，相当于“何”，如何，怎样。

⑤君子：古代君子指的是有学问，有德行或者地位、官职高的人。

⑥终食之间：吃一顿饭的工夫。

⑦造次：仓促，匆忙。

⑧颠沛：原指跌倒，引申为受挫，困顿流离。

| 译文 |

孔子说：“富有与显贵，这是人人都想要的；不是通过正当的途径获取富贵，就不要去接受它们。贫穷和低贱，这是人人都讨厌的，不是通过正当的途径摆脱贫贱，就不要去摆脱它们。君子抛弃了仁德，怎么能够成就他的好名声呢？君子不会有一顿饭的时间离开仁德，仓促匆忙的时候也一定要坚守仁德，颠沛流离的时候也一定要坚守仁德。”

塑品格

君子爱财 取之有道

向往美好生活，希望享有丰厚的物质条件，这是人之常情，但获取这些，一定要通过正当的途径。为了获取财富，种植蔬菜时用太多农药，养殖家禽时用激素催熟，烹饪时放入地沟油，奶粉中加入三聚氰胺……这样通过伤害他人得来的财富必然不长久，人的内心也必然不得安宁。不义之财不可取，不义之事不可做。

| 微觉察 |

说一说你对“君子爱财，取之有道”这句话的理解。

节选四

读经典

子曰：“德不孤，必有邻①。”

——《里仁第四》

注释

①邻：相邻，邻近。这里指志趣相投、志同道合的人。

译文

孔子说：“品德高尚的人不会孤独，一定有志同道合的人和他做伴。”

德者，本也。一个人德行好，大家自然都会亲近他，帮助他的人就会越来越多，如此一来，他还有什么事情做不成呢？

塑品格

以德为本 得天下心

德，即品格，高尚的品格表现为友爱、善良、舍得、利他等，一个德行好的人总会吸引诸多志同道合者，因为这些良好的品格对所有人都有利，所以可以得人心，人心所向便可以无往不利。

| 微觉察 |

什么是“德高望重”？你身边有这样的人吗？请讲一讲他的故事。

节选五

一个人愿意用自己的能力和宽广的胸怀先去成就别人，自己的“达”和“立”也就圆满了。

读经典

子贡曰：“如有博施①于民而能济②众，何如？可谓仁乎？”子曰：“何事于仁！必也圣乎！尧舜③其犹病④诸！夫仁者，己欲立而立人，己欲达而达人。能近取譬⑤，可谓仁之方也已。”

——《雍也第六》

注释

①博施：广泛施与恩惠。

②济：救济，救助。

③尧舜：传说上古两位贤明的帝王，也是孔子心目中的榜样。

④病：有所不足。

⑤譬：打比方。这里指拿自己打比方，推己及人。

| 译文 |

子贡说："如果有人能够广泛地施恩德于民众并且使民众安居乐业，这种人怎么样？可以算是具备仁德了吧？"孔子说："这何止于仁德啊，这一定是达到了圣人的境界了！尧、舜大概还难以做到这些吧！一个有仁德的人，自己要站得住，同时也使别人站得住；自己要事事行得通，同时也使别人事事行得通。凡事能够推己及人，可以说是实践仁德的方法了。"

爱人者，人恒爱之，敬人者，人恒敬之。我们先去敬爱他人，自然就能得到大家的尊敬和爱护。

塑品格

无私无我 成人达己

成人方能达己，比如老师，学而不厌，诲人不倦，竭尽所能地传道、授业、解惑，让学生知识丰富、能力提升、内心丰盈，最终得到学生的尊敬和爱戴，老师在提升自己的同时也能收获满满的幸福感。所以，成就他人和成就自己不是对立的，而是一体的。

| 微觉察 |

你身边有常常成就他人之人吗？他是谁呢？具体表现在哪里呢？

节选六

读经典

子曰：“中庸①之为德也，其至矣乎！民鲜②久矣。”

——《雍也第六》

注释

①中庸：指不偏不倚，不欠缺也不做过火的事。中，折中，调和。庸，普通，寻常。

②鲜：读xiǎn，少。

译文

孔子说：“中庸作为一种品德，恐怕是最高尚的了！人们缺少此德已经很久了。”

塑品格

阴阳平衡　中庸之道

孔子的学生子贡有一次问孔子说：“子张和子夏二人谁更好一些呢？”孔子回答说：“子张过分，子夏不足。”子贡说：“那么是子张好一些吗？”孔子说：“过分和不足是一样的。”人是很习惯去追求更多的，总觉得越多就越好，子贡也是如此，所以他下意识地认为孔子是说子张更好，但实际上万事万物都有其适合的度。孔子意识到了这一点，将其作为处世的最高原则，称之为中庸，这是因为孔子具有整体性的思想，不囿于眼前，能在整体中做判断。

| 微觉察 |

关于中庸，有人认为是5：5，有人认为是3：7、4：6等，你同意以上哪种说法？为什么？

节选七

读经典

子曰：“吾未见好德如好色者也。”

——《子罕第九》

译文

孔子说：“我没有见过这样的人，喜爱道德赛过喜爱美貌。”

“好色”是人之常情，无须引导而自成，而“好德”任重道远，难在自觉和有恒。

塑品格

急公好义 耕心种德

人有本能欲望，孔子说的“好色”就是指这种本能欲望，并不仅限于我们现在所说的对于美色的追求，对于金钱、权力等的欲望，都可以算作“好色”。“好德”与“好色”并不是对立的，不是要二者择其一，孔子强调“好德”，是因为“好色”的本能欲望与生俱来，“好德”则需要后天不断地修行磨炼。我们可以享受美食，也不要忘了帮助需要帮助的人；我们可以休闲娱乐，也要能热心公益。

| 微觉察 |

“德”表现在很多地方，捐款、做义工、支教等均是“有德”的体现，你可以做哪些呢？

节选八

有仁德的人，要做到克制私欲，使自己的言行举止合于礼，“仁”是要在生活中实践出来的真实德行。

读经典

颜渊问仁。子曰：“克①己复②礼为仁。一日克己复礼，天下归仁焉。为仁由己，而由人乎哉？”颜渊曰：“请问其目。”子曰：“非礼勿视，非礼勿听，非礼勿言，非礼勿动。”颜渊曰：“回虽不敏，请事斯语矣。”

——《颜渊第十二》

注释

①克：克制。

②复：实践，践行。

译文

颜渊问怎样做才是仁。孔子说：“克制自己的私欲，言语行动都照着礼的要求去做，这就是仁。一旦这样做到了，天下的人都会称许你是仁人。实行仁德，完全在于自己，难道还在于别人吗？”颜渊说：“请问实行仁的纲领是什么？”孔子说：“不合于礼的事不要看，不合于礼的话不要听，不合于礼的话不要说，不合于礼的事不要做。”颜渊说：“我虽然愚笨，但一定遵照这些话去做。”

塑品格

遵守礼仪　克制私欲

在儒家学派中，“仁”和“礼”是分不开的，要拥有仁爱之心，要通过守礼来实现，要恪守礼仪，也要以仁爱之心来约束自己的行为。“仁”是价值观，“礼”是行动的准则，“仁”和“礼”相互促进。人的欲望是自私的，如果一个人活在自己的欲望中，被欲望左右，就会有悖于“礼”，通过守礼，如不自私、不害人、不撒谎，凡是与道德相违背的事情，就不去接近，这样自然可以习惯为他人着想，养成仁爱之心。

微觉察

什么是“彬彬有礼”？你对“礼”的理解是怎样的呢？

节选九

读经典

子曰：“刚、毅、木①、讷②，近仁。”

——《子路第十三》

注释

①木：憨厚朴实。

②讷：说话迟钝。指说话谨慎，少言。

| 译文 |

孔子说："刚强、坚毅、质朴、慎言，有这四种品质就接近于仁德了。"

塑品格

刚强坚毅 质朴慎言

"刚、毅、木、讷"的人往往有愿力，有中心，能够勇敢地面对各种突如其来的问题，选定了方向后有一颗持之以恒的心，通过简单朴素的方式为他人的成就提供帮助，懂得慎言为他人留空间、为自己留余地。

| 微觉察 |

什么是"木讷"？你认为这是褒义词还是贬义词呢？结合实际谈谈你的看法。

节选十

读经典

子曰：“志士仁人，无求生以害仁，有杀身以成仁。”

——《卫灵公第十五》

译文

孔子说：“有志之士和仁义之人，不会因为贪生怕死而去损害仁德，只会勇于牺牲自己的生命来成全仁德。”

塑品格

正心正念 正德正行

仁德是一个人的价值观高尚的体现，也是中华民族共同的信仰。从古至今，无数志士仁人为国家、民族、人民的利益舍生忘死，倾力奉献，他们将永远被世人铭记和敬仰。而那些为了个人私利危害国家的人，则必将永远遭到世人的唾弃。所以要持续地修品格，心正，德正，行正。

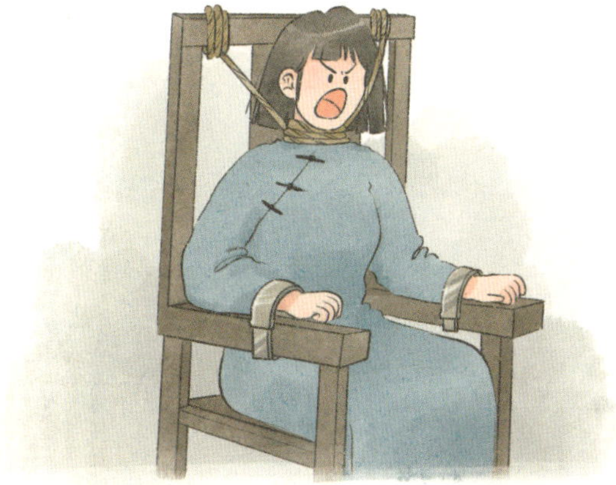

微觉察

你知道咱们中国的社会主义核心价值观是什么吗？请写下来并对照践行。

第四章

孝悌为本

本章导读

百善孝为先。

儒家强调“孝道”，作为子女，我们都知道要感恩父母对我们的用心付出和养育之恩，要对父母长辈多一份体贴，多一份关怀，多一句问候，让父母放心。

那么，孝为何意义重大？究竟怎样做才算是孝？对于这些，孔子是如何解释的呢？

让我们走进本章，一起知孝行孝。

本章箴言

◇君子务本，本立而道生。孝弟也者，其为仁之本与！

◇生，事之以礼；死，葬之以礼，祭之以礼。

◇父母唯其疾之忧。

◇至于犬马，皆能有养；不敬，何以别乎？

◇色难。

◇事父母几谏，见志不从，又敬不违，劳而不怨。

◇父母在，不远游，游必有方。

◇父母之年，不可不知也。一则以喜，一则以惧。

节选一

一个人德行的根本是孝顺父母、尊敬兄长，只有做到这些，才有后面的忠、信、礼、义、廉、耻。孝心开，百善立。

读经典

有子①曰："其为人也孝弟②，而好③犯④上者，鲜矣；不好犯上，而好作乱者，未之有也⑤。君子务本，本立而道生。孝弟也者，其为仁之本与！"

——《学而第一》

注释

①有子：姓有，名若，孔子的学生。

②弟：同"悌"，读tì，弟弟尊敬、善事兄长。

③好：喜欢。

④犯：冒犯，抵触，违反。

⑤未之有也："未有之也"的倒装形式。没有这样的。

|译文|

有子说："一个人孝敬父母、尊重兄长，却喜欢冒犯上级，这种人是很少的；不喜欢冒犯上级，而喜欢造反作乱，这种情况还从未有过。君子要努力从根本做起，根本问题做好了，才能具备真正的道德学问。孝敬父母、尊重兄长，这大概就是仁德的根本吧。"

一个人做到孝顺父母，把兄弟姐妹放在心上，实际上就是学会了把他人的感受和利益放在心上，学会从行动和情绪上照顾他人，也能学会为了他人的感受做出一些必要的牺牲和让步，这样的人是谦和有礼而富有同情心的，怎么会为了自己的利益扰乱社会呢？

老师，一个做到孝悌的人为什么不会作乱呢？

塑品格

以孝为本 时常牵挂

百善孝为先，孝顺是最基本的德行，因为如果一个人对养育自己的父母不孝顺，那也难以对他人有仁爱之心，如果一个人不尊重兄长，也会对他人没有礼数。这儿的孝顺不是一定要寸步不离地照顾和陪伴，而是能够有感恩父母之心，让父母安心乃至骄傲；这儿的尊重未必是言听计从，而是能够对兄长多一分礼貌，不相互诋毁，更不为利益伤及彼此。做到孝悌，这便是仁的根本了！

|微觉察|

以下哪些做法是孝顺父母的表现呢？你还能想到哪些呢？

A.给下班回家的父母倒杯水、捶捶背。

B.长大了让父母继续挣钱给自己享用。

C.放假了就回家，陪父母聊聊天。

节选二

读经典

孟懿子①问孝。子曰：“无违②。”樊迟③御④，子告之曰：“孟孙问孝于我，我对曰，无违。”樊迟曰：“何谓也？”子曰：“生，事⑤之以礼；死，葬之以礼，祭(jì)之以礼。”

——《为政第二》

注释

①孟懿子：姓仲孙，名何忌，“懿”是谥号，鲁国大夫，与叔孙氏、季孙氏共同把持鲁国朝政，他父亲孟僖子临终时嘱咐他向孔子学礼。

②违：古人称违背礼法为“违”。

③樊迟：姓樊，名须，字子迟，孔子的学生。

④御：赶车，驾车。

⑤事：侍奉。

| 译文 |

孟懿子请教孝道。孔子说："不要违背礼制。"后来当樊迟为孔子驾车的时候，孔子告诉他说："孟孙向我请教孝道，我回答说，不要违背礼制。"樊迟问："这是什么意思？"孔子说："父母在世时，要按照礼制侍奉他们；父母去世后，要按照礼制安葬他们，按照礼制祭祀他们。"

父母在世的时候，用一颗恭敬爱护的心奉养父母；父母过世以后，用一颗感恩庄严的心来祭祀父母。

塑品格

用爱奉养 用心养护

其实子女孝顺父母与父母抚养子女都是从"爱"出发的，而对于如何正确地去"爱"，孔子提倡"无违于礼"。在古代，孝顺的"礼"有如《弟子规》所述："父母呼，应勿缓；父母命，行勿懒；父母教，须敬听；父母责，须顺承。"在现代，孝顺父母也是有"礼"可循的，法律规定赡养老人除了物质生活的供给，还有精神生活的照顾，也就是说现在我们要孝敬父母，不仅需要物质的赡养，还要有精神的关怀。

| 微觉察 |

你知道父母喜欢什么娱乐活动吗？你知道他们有什么开心或者忧愁的事吗？

节选三

读经典

孟武伯[①]问孝。子曰：“父母唯其疾之忧。”

——《为政第二》

注释

①孟武伯：姓仲孙，名彘（zhì），即前面提到的孟懿子的儿子。“武”是谥号。

译文

孟武伯请教孝道。孔子说：“父母最担忧的事情是子女的疾病。”

生活中保持规律的作息，饮食起居有常，让自己不生病或者少生病也是在对父母尽孝。

塑品格

起居有常 饮食有度

健康的身体就像数字“1”，而其他的东西包括财富等，就像是“0”。只有身体健康的“1”在，后边的一个、两个或无数个“0”才会真实地存在。如果孩子生病了，做父母的一定会比其他情况更担心。爱护自己的身体也是一种孝顺，为了孝顺父母，请做到：起居有常，不熬夜，生活规律；饮食有度，不挑食，营养均衡；情绪稳定，不内耗，心理健康。

微觉察

为了你的健康成长，你知道你的父母都做了哪些事情吗？请联系生活实际给大家分享一下。

节选四

有人觉得能够供养父母吃喝，就是孝了，但做到这些还不够。

读经典

子游[①]问孝。子曰：“今之孝者，是谓能养。至于犬马，皆能有养；不敬，何以别乎？”

——《为政第二》

注释

①子游：姓言，名偃（yǎn），字子游，吴国人，孔子的学生。

译文

子游请教孝道。孔子说：“现在所说的孝，就是能够养活父母。对于狗马，人们都能够去养活它们；如果不敬爱父母，那么养活父母与养活狗马用什么来区别呢？”

塑品格

呵护关爱 尽心尽孝

尽孝可以说就是满足父母的需求，使他们开心快乐。人的需求是有层次的，所以孝也是有层次的。第一层的孝是物质的供养，这是人最基础的生理需求和安全需求；第二层的孝是陪伴，陪伴的方式各有不同，但都是用来满足人爱与归属的需求的；第三层的孝是支持，支持父母的事业，这里的事业不一定是工作，人有尊重和自我实现的需求，要通过成就和对自己价值的肯定来实现，游戏、舞蹈、琴棋书画甚至带孙辈都可以是他们实现自我价值的事业。

| 微觉察 |

请给爸爸妈妈一个温暖的拥抱，并把你最想对爸爸妈妈说的话写在心形卡片上。

节选五

“色”是指一个人面容的神情气色。我们如果深深地爱着父母，心中自然就会一团和气，表现在面容上就会和颜悦色，谦光温和。

读经典

子夏问孝。子曰：“色①难。有事，弟子②服其劳；有酒食，先生③馔④，曾⑤是以为孝乎？”

——《为政第二》

注释

①色：脸色。这里指和颜悦色，从心底里敬重父母。

②弟子：晚辈，这里指儿女。

③先生：长辈，指父母。

④馔：吃喝。

⑤曾：难道。

| 译文 |

子夏请教孝道。孔子说："在父母面前保持和颜悦色是件难事。有了事情，年轻人去承担劳苦；有了酒食，年长者享用。难道这样就是孝吗？"

塑品格

和颜悦色 婉容以待

《礼记·祭义》中说："孝子之有深爱者，必有和气；有和气者，必有愉色；有愉色者，必有婉容。"一个人的脸色表情是内心情感的自然流露，"色难"的背后是"心难"，对父母的和顺需要建立在发自内心的感恩与平和的情绪基础上，只有发自内心的感恩平和，才能让我们即使在父母有些不当的时候，也不会产生怨气，而是用温和的态度面对。

| 微觉察 |

有人说"色难"是情绪的外显，只要调整好心态自然就能和颜悦色了。你同意以上说法吗？为什么？

节选六

如果我们对父母只是一味地顺从，那就是愚孝了。当父母出现过失或者错误的时候，我们要善言相劝。

读经典

子曰："事父母几①谏(jiàn)，见志不从，又敬不违，劳②而不怨。"

——《里仁第四》

注释

①几：读jī，婉转，轻微。

②劳：忧愁。

译文

孔子说："侍奉父母时对父母的错误要委婉地劝告，看到自己的意见不被听从，仍然尊敬他们而不去冒犯他们，虽然忧愁但不抱怨。"

塑品格

心生敬意　婉言相劝

在数学概念中，两点之间最短的距离是直线。然而在人与人的关系中，很多时候两点之间最短的距离并非是直线，而是迂回的曲线。面对父母的不理解，迂回的曲线该怎么走呢？（1）稳住自己的情绪，因为稳是改变的定海神针，先接纳；（2）换位思考父母的感受，他们这样一定有很重要的原因；（3）尝试着问父母自己怎样做他们会感觉好一些；（4）和父母商量彼此做些什么事情会更好。所以，曲成万物是一种智慧！

| 微觉察 |

有人说，直心即道场，有啥事直接说，拐弯抹角耽误的都是时间。有人说，心直口快的人看似爽朗，实则是缺乏智慧，直率往往是伤人的借口。以上说法，你同意哪一种？为什么？

节选七

在古代出远门是一件很危险的事情，所以远游的时候要尽量做到让父母安心。

读经典

子曰："父母在，不远游①，游必有方②。"

——《里仁第四》

注释

①游：离家出游。

②方：方向，方位。

译文

孔子说："父母在世，不出远门，如果要出远门，一定要有明确的去处。"

做任何事情都要让父母少担心，所以每次出门，都要明确告知父母自己的去处以及回来的时间，让父母尽量少担惊受怕。

塑品格

游必有方 莫使忧心

在古代，由于交通不便、盗匪横行、猛兽当道等原因，出门远游是极为危险的，同时，由于通信不便，父母没有办法及时了解游子的境遇，所以孔子说“父母在，不远游”为的就是让父母安心，这是一种孝顺。在现代，交通便利，科技发达，出门远游已经是司空见惯，但父母仍旧担心。在人生的道路上，依旧是荆棘丛生，孩子冲向未来的迷雾，就如同古时的游子出门，现在的“游必有方”，是让父母了解我们的理想和计划，这也是一种孝顺。

微觉察

你有没有和父母谈论过未来的理想？说说你的想法。

节选八

读经典

子曰：“父母之年，不可不知也。一则以喜，一则以惧[①]。”

——《里仁第四》

注释

①惧：担忧，担心。这里指担忧父母年事已高，会衰老死亡。

译文

孔子说：“父母的年龄，不可不时时记在心上。一方面因为（父母高寿）而高兴，一方面又因为（父母寿高）而担忧。”

树欲静而风不止，子欲养而亲不待。孝顺父母要及时，不要总想着以后怎样，而是要想当下我能为父母做点什么。

塑品格

感恩珍惜 付诸行动

指缝太宽，时间太瘦，岁月总在每一个不经意间悄无声息地流逝，我们无法减少父母两鬓日益增多的白发，也无法阻挡父母日益增长的年龄。所以，珍惜每一个有父母在的日子，用心去孝敬他们吧。

| 微觉察 |

你觉得你的父母孝顺他们的父母吗？你觉得你可以为你的父母做些什么事情呢？

第五章

修己安人

本章导读

成人是成事的基础，修己是利他的前提。修己需要在对自我的觉察中发现自己的问题，修己需要调整自己的阴阳而至中庸，修己需要在心怀天下中成人达己。

那么，孔子是怎样修己的？他又是怎样教导学生做好自己的呢？

请走进本章，一起向圣贤学习。

本章箴言

◇吾日三省吾身：为人谋而不忠乎？与朋友交而不信乎？传不习乎？

◇过，则勿惮改。

◇朝闻道，夕死可矣。

◇士志于道，而耻恶衣恶食者，未足与议也。

◇夫子之道，忠恕而已矣。

◇见贤思齐焉，见不贤而内自省也。

◇一箪食，一瓢饮，在陋巷，人不堪其忧，回也不改其乐。

◇子绝四：毋意，毋必，毋固，毋我。

◇譬如为山，未成一篑，止，吾止也。

◇岁寒，然后知松柏之后凋也。

◇其身正，不令而行；其身不正，虽令不从。

◇欲速，则不达。

◇赐也贤乎哉？夫我则不暇。

◇不患人之不己知，患其不能也。

◇己所不欲，勿施于人。

◇益者三友，损者三友。

节选一

读经典

曾子①曰："吾日三②省③吾身：为人谋而不忠乎？与朋友交而不信乎？传④不习⑤乎？"

——《学而第一》

注释

①曾子：姓曾，名参（shēn），字子舆，孔子的学生。他的弟子也称曾参为"子"。

②三：约数，表示多次。

③省：反省，内省。

④传：指老师传授的知识。

⑤习：包括温习、实习、演习，这里可以概括地译为"复习"。

| 译文 |

曾子说："我每天多次反省自我：替别人办事时是否做到了尽心竭力呢？与朋友交往时是否做到了诚实呢？老师传授的知识是否复习了呢？"

曾子通过自我反省，提升心境和品行。我们也要向曾子学习，每天都有所提升。

塑品格

分秒觉察 三省吾身

自省是内观，是自觉地对自己的内心世界进行审视的行为，宋代的范仲淹、苏轼每天划"功过格"，清代的曾国藩每天写"过隙影"，我们如果每天可以时常反省自己的言行，同时入睡前想想当天的经历并且进行总结思考，日复一日，在这个过程中自我的心性和能力便会与日俱增。

| 微觉察 |

你今天在哪些地方做得好，在哪些地方还有提升的空间呢？请各写出三条来与大家分享。

节选二

读经典

子曰：“君子①不重，则不威；学则不固②。主忠信，无③友不如己者。过，则勿惮④改。”

——《学而第一》

注释

①君子：这里指的是士大夫、国君等上层人物。

②固：巩固。

③无：同“毋”，不要。

④惮：害怕。

| 译文 |

孔子说："君子如果不庄重就没有威严；即使读书，所学的也不会巩固。要以忠和信的品质为主，不要同不如自己的人交朋友。犯了错误，就不要害怕改正。"

古人交友是"以友辅仁"，朋友之间互相鼓励进步。如果与德行不如自己的人交友，则无益而有损。

塑品格

内心庄重 忠厚守信

言行举止是一个人内在心性的外在体现，庄重的人能够把握重点而不轻浮，庄重的人说话有条理而不散乱，庄重的人热情却可以把握好分寸，庄重的人对学习有要求但又不刻板。庄重之人有着自己内心笃定的价值观，忠厚诚信，对朋友有所选择，让自己和正知、正念、正能量的人在一起，不断地突破自己，提升自己的境界。

| 微觉察 |

你身边一定有很多庄重的朋友，请写出他们的名字，并说说他们身上有什么特点。

节选三

读经典

子曰：“朝①闻②道③，夕死可矣(yǐ)。”

——《里仁第四》

注释

①朝：早晨。

②闻：听到，知道。

③道：指某种真理。

译文

孔子说：“早晨得知真理，当晚死去都可以。”

塑品格

求道之心 感天动地

朝闻道，夕死可矣！透过这句话可见孔子求道之心甚诚。有些人终其一生追求财富、名誉、地位等有形之物，而孔子追求的是虚无缥缈的道。其中没有绝对的对错，但是我们一生追求的东西会给我们带来不同风景和境界，在孔子心中，这个无形的道是最美好的，所以，当得到所求之“道”时，生死也显得微不足道了。

| 微觉察 |

你觉得生命的意义是什么呢？请联系生活实际谈一谈。

节选四

读经典

子曰：“士①志于道，而耻恶衣恶食者，未足与议也。”

——《里仁第四》

注释

①士：读书人，一般的小知识分子。

译文

孔子说：“读书人有志于真理，却又以吃粗粮、穿破衣为耻辱，那么就不值得与他一起讨论真理了。”

道是向内求的，一个人只有把心思从外在的吃喝玩乐中收回来，才能有足够的精气神去关注内在的求道、修道和证道。

塑品格

内在丰盛 外在简单

我们在生活中追求外在的物质，实际是为了满足自己内心的欲望。一味地外求，在追求物质满足中寻找快乐，是不会如愿的，反而会在不断地比较中让自己更加空虚和不快乐。真正的快乐要内求，因为当一个人内心足够丰盛的时候，便不用通过外求的方式来寻求快乐，因为其内心在每个当下都是自在喜悦的。

微觉察

你的身边有喜欢在穿衣、吃饭方面攀比的朋友吗？请给自己和他人一些建议。

节选五

读经典

子曰：“参乎！吾道一以贯①之。”曾子曰：“唯②。”子出，门人问曰：“何谓也？”曾子曰：“夫子之道，忠③恕④而已矣。”

——《里仁第四》

注释

①贯：贯穿。

②唯：是的，表示应答。

③忠：忠诚，诚挚。

④恕：对别人宽容。

译文

孔子说：“曾参啊，我的学说有一个基本思想贯穿其中。”

曾参说："是的。"孔子出去以后，其他弟子问道："这是什么意思？"曾参回答说："老师的学说，就是忠和恕啊。"

塑品格

忠于良知 慈悲包容

就像一棵树由一粒种子发芽而成，向下扎根，向上生长，贯穿人一生并决定其行为的"种子"就是他的人生观和价值观。孔子的人生观和价值观就是"忠恕"，"忠"是指对内要忠于自己的良知，"恕"是指对外要多些慈悲和宽容。如果我们深耕"忠恕"的品格，相信这个种子可以让我们开出美好的花，结出甜甜的果。

| 微觉察 |

在生活中，你会因为过于在意他人的想法而不能坚持自己的观点吗？会因为太过于强调对错而不能够原谅他人吗？

节选六

遇到贤德之人，我们要看到自己的差距和不足，然后努力向他学习。

读经典

子曰：“见贤①思齐②焉，见不贤而内自省③也。”

——《里仁第四》

注释

①贤：贤人，有才德的人。

②齐：向……看齐，与……等同。

译文

孔子说：“看到贤人，就应该想向他看齐；看到不贤的人，内心就要自我反省（是否犯有与他同样的毛病）。”

塑品格

见贤思齐 反观自我

人因为有比较心，所以看到别人比自己好，容易产生嫉妒的情绪而无法谦虚请教；人因为有是非心，所以看到不好的事情，容易指责和评价他人而忘了反观自己。这些都不利于自我成长。真正重视自我提升的人，见到比自己优秀的人立刻请教，见到不好的行为也反思自己是不是也有类似的地方需要改善。回归于自己，而不是嫉妒、评价他人，这样自己才能有所提升。

微觉察

你不喜欢怎样的人呢？这些人给你带来了怎样的反思呢？

节选七

读经典

子曰："贤哉，回也！一箪①食，一瓢饮，在陋巷，人不堪其忧，回也不改其乐。贤哉，回也！"

——《雍也第六》

注释

①箪：读dān，古代盛饭的竹制器具，圆形。

译文

孔子说："真是贤良啊，颜回！一竹筐饭，一瓜瓢水，住在狭小简陋的小巷子里，别人都无法忍受那种贫苦忧愁的生活，而颜回却从未改变自己的快乐。真是贤良啊，颜回！"

如果把快乐建立在外在环境或者条件上，比如别人的认可、信任、赞美等，那一旦外在条件发生变化，快乐也就消失殆尽了。

塑品格

知足常足 安贫乐道

快乐是一种选择，有些人认为有好房、有豪车、有巨款才是快乐，因此有“宁愿坐在宝马车里哭，也不愿坐在自行车上笑”的说法；反之，有人认为能呼吸、能吃饱、能悟道就很快乐，如颜回这样好学不倦、安贫乐道的人。以上谁更容易满足？谁的幸福指数更高呢？不言而喻。

| 微觉察 |

“纵得广厦千间，夜眠不过三尺；纵有家财万贯，不过一日三餐。”请联系生活实际谈谈你对这句话的理解。

节选八

做事时习惯性凭空猜想，这是“意”，根据这个猜想做出主观的臆断，这是“必”，“毋意，毋必”是说不要陷入这样的思维模式，要做到实事求是。

读经典

子绝四：毋①意②，毋必③，毋固④，毋我⑤。

——《子罕第九》

注释

①毋：意即“无”，古今通用。

②意：凭空揣测。

③必：绝对化。

④固：固执拘泥，顽固不化。

⑤我：自以为是，自大。

译文

孔子没有这四种毛病：不凭空揣测，不绝对肯定，不拘泥固执，不自以为是。

根据自己的凭空猜想，推断事物的起因与发展，并且固执己见，自以为不用听取他人的意见，这就是“固”和“我”，孔子不会如此是因为他不以自我为中心。

塑品格

突破小我 圆融自在

一个人如果活在小我的世界中，对内容易产生自我的内耗而患得患失，对外容易无法接纳建议而固执己见。知人者智，自知者明。要成为明智的人，就要提升对自己和对外在的认知，既不在自我否定中看不到自己的价值，也不在盲目自大中骄傲自满。当对自我和外在有了清晰的认知后，就能做到不绝对，话不说过头，中庸平和，圆融自在。

微觉察

有人说：“也许我们穷极一生所追求的东西，在打开另一扇门的时候，就变得微不足道，所以认知改变追求。”请联系生活实际谈谈你的看法。

节选九

遇到逆境时，只要奋进不止，终究会获得成功；顺境之中，即使只差一步，如果放松不前，也会遭遇失败。

读经典

子曰：“譬如为山，未成一篑①，止，吾止也。譬如平地，虽覆②一篑，进，吾往也。”

——《子罕第九》

注释

①篑：读kuì，用来装土的竹筐。

②覆：倾倒。

译文

孔子说：“比如堆土成山，只差一筐土就成功了，如果停下来，这是我自己要半途而废啊。比如在平地上堆土成山，即使是刚刚倒下一筐土，如果决心努力前进，还是要自己坚持啊！”

塑品格

善始善终 当下开始

行百里者半九十，成功的道路上并不拥挤，因为能够善始善终的人不多。在实现自己人生理想的道路上，有些人眼看就要成功了却没有坚持到最后；有些人觉得自己的基础差、底子薄，想象着各种各样的困难，找出各种各样的理由，不敢迈出第一步。无论是仅差最后一步，还是尚未踏出第一步，都一样不能达到成功。如果正在前进的路上，就不要放弃，或许成功只有一步之遥；如果还未出发，但其实有理想的目标，那就立刻出发，不要犹豫，走出的第一步便有了意义，接下来的每一步都有意义，都让我们更加接近终点。

微觉察

很多企业家都是白手起家，最终取得了事业的成功。你觉得什么是“白手起家”？你从中受到了怎样的启发？

节选十

读经典

子曰：“岁寒，然后知松柏之后凋①也。”

——《子罕第九》

注释

①凋：凋零，凋谢。

译文

孔子说：“到了一年最冷的时候，才知道松柏是最后凋零的。”

塑品格

经历磨砺 方成大器

在寒冷的冬天才能看出哪种植物更有生命力，在糟糕的困境中才能知道谁的心力强大，做有难度的事情才能知道谁有解决问题的能力。我们要想成为有生命力的大器之才，就要经过各种艰难磨砺，在吃苦、吃亏、受辱中磨砺自己的心性，在解决一个个问题中提升自己的能力。

微觉察

自然界有很多植物具有耐寒的特性，它们这种在逆境中孑然傲立的精神很值得我们学习，请你列举几种这样的植物。

节选十一

读经典

子曰：“其身正，不令而行；其身不正，虽令不从。”

——《子路第十三》

译文

孔子说：“如果统治者自身行为正当，不用发号施令也能推行自己的政治意愿；如果统治者自身行为不正当，即使发号施令也没有人服从。”

塑品格

严于律己 以身作则

团队领导人的言行形成团队文化，父母的言行形成家族家风。团队不会听领导怎么说，会看领导怎么做；子女的言行举止会有父母的影子。教育是输入和输出。所以，当领导做出表率，团队自然有了凝聚力和执行力，当父母在言行中体现了勤奋、俭朴、善良、好学等优秀品质，不用说教，孩子也自然会拥有这些品质。

微觉察

未来中国，是一群正知、正念、正能量人的天下。你觉得什么是“正”的行为？什么是“不正”的行为？请联系生活实际说一说。

节选十二

十年树木，百年树人。任何事情的成功都不是一蹴而就的，而是厚积薄发，所以做事不能操之过急，违反了事物发展的规律，就会适得其反。

读经典

子夏为莒父①宰，问政。子曰："无欲速，无见小利。欲速，则不达；见小利，则大事不成。"

——《子路第十三》

注释

①莒父：鲁国城邑，在今山东省境内。

译文

子夏到莒父去当地方官，向孔子请教从政的方法。孔子说：

“不要急于求成，不要只盯着小的利益。急于求成，反而达不到目的；只盯着小的利益，就无法成就大的事业。”

塑品格

欲速不达 不贪小利

一个人有长远的目光，才会有长远的发展，要看得长远就要放下个人的私欲和得失心。如果一个人私欲太多，自私的行为会让别人不愿意靠近他，如果一个人得失心过重，就会为了快速达成目的而破坏整体的节奏，最后适得其反。

微觉察

有人说：“速成往往都是不成，做大事的人都能耐得住寂寞。”请你联系生活实际谈谈自己的看法。

节选十三

喜欢议论别人的是非短长，有这种行为的人，要批评指正他。

读经典

子贡方①人。子曰：“赐也贤乎哉？夫我则不暇。”

——《宪问第十四》

注释

①方：指责，说别人的坏处。一说，比较长短。

译文

子贡比较、评论别人。孔子说：“赐啊，你就那么好吗？我就没有这个闲工夫（去评论别人）。”

塑品格

放下评判 内观自省

不少人学了道理之后，不用来反思自己而用来评判他人，不少人看到网络上的各类新闻，不觉察自己的可提升之处，反而加入网络“口水战”。评价他人是容易的，但觉察自己并改变才会真正受益。我们要多学会和自己待在一起，谨记：静坐常思己过，闲谈莫论人非，内求，内省，让自己获得成长。

| 微觉察 |

回顾一下最近的工作、生活或学习，说一说自己在哪些方面做得好，在哪些方面可以有所提升。

节选十四

读经典

子曰：“不患人之不己知，患其不能也。”

——《宪问第十四》

译文

孔子说：“不要担忧别人不知道自己，应该担忧的是自己没有能力。”

塑品格

练就本领 提高能力

一棵树如果希望被他人看见，首先自己要长高。人也是如此，不断成长，有积累才有用武之地。不要总是向外追求他人对自己的关注，希望他人看见自身的价值，而是要将自己的时间用在自我能力的提升中。只有拥有解决问题的能力，在机会来临时，才能把握住它。

微觉察

你有不被理解的时候吗？学习了本节的内容，你觉得应该怎么做呢？

节选十五

读经典

子贡问曰：“有一言而可以终身行之者乎？”子曰：“其恕乎！己所不欲，勿施于人。”

——《卫灵公第十五》

译文

子贡请教说：“有一句话可以作为终身遵循的话吗？”孔子说：“大概就是‘恕’吧！自己不想要的，不要强加给别人。”

塑品格

己所不欲 勿施于人

“仁”字右边的两横表示一个人心中不能只有自己，还要装着别人，感受他人的感受。如果自己不希望受到指责辱骂，就不要把这样的行为给予他人，这就是“己所不欲，勿施于人”的品格，也就是我们常说的“换位思考”。很多时候我们在自己的立场不能想明白的事情，换个立场，便有了答案。父母和孩子换位思考，便会多一些欣赏和理解，孩子和父母换位思考，便会多一些孝顺和体谅。考虑他人的感受，控制自己的行为，是和谐社会的基础。

| 微觉察 |

请联系生活实际想一想，你有没有缺少换位思考的时候？该如何调整呢？

节选十六

人生的五伦关系：夫妇有别、父子有亲、君臣有义、长幼有序和朋友有信。朋友在一个人的一生中扮演非常重要的角色，所以选择朋友要非常谨慎。

读经典

孔子曰：“益者三友，损者三友。友直，友谅①，友多闻，益矣。友便辟②，友善柔，友便佞③，损矣。”

——《季氏第十六》

注释

①谅：信，诚实，守信用。

②便辟：逢迎谄媚。

③便佞：花言巧语。

译文

孔子说：“有益于自己的朋友有三种，有害于自己的朋友有三种。与正直的人交朋友，与诚实的人交朋友，与学识渊博的人交朋友，这是有益于自己的。与逢迎谄媚的人交朋友，与当面恭维背后毁谤的人交朋友，与花言巧语的人交朋友，这是有害于自己的。”

塑品格

近朱者赤 择善而交

近朱者赤，近墨者黑，每个人的人生都是自己选择的结果，自己的朋友圈也是如此。交朋友要选择有德行的、有学识的人，与他们相互学习共同成长，反之那些喜欢阿谀奉承、有坏心的人则要远离，不然会给自己带来祸患。除了交益友之外，自己也要有资格作为他人的益友。要做到这一点，需要反观自己，不断使自己成长，与朋友互相助益、共同进步。

| 微觉察 |

你一定也希望自己能成为他人的益友，那么你觉得自己在哪些方面对朋友有所助益呢？

第六章

君子之道

本章导读

君子乐得其道，小人乐得其欲。

何为君子？君子志于道，君子厚德，君子务本……何为小人？小人常在乎得失，小人常求术……君子和小人不是对一个人人格的评价，而是对一个人处于人生的不同阶段和境界时的状态的形容。在生活中我们有时候呈现君子相，有时候呈现小人相。《论语》中有很多关于君子和小人的言论，从各个方面论述了君子和小人的区别。

请走进本章，一起探寻。

本章箴言

◇君子不器。

◇君子周而不比，小人比而不周。

◇君子喻于义，小人喻于利。

◇文质彬彬，然后君子。

◇君子坦荡荡，小人长戚戚。

◇君子居之，何陋之有？

◇君子和而不同，小人同而不和。

◇君子固穷，小人穷斯滥矣。

◇君子求诸己，小人求诸人。

◇君子忧道不忧贫。

◇君子有三戒。

◇君子有三畏。

◇君子有九思。

节选一

读经典

子曰：“君子不器①。”

——《为政第二》

注释

①器：器具，指有一定用途的东西。此处用来比喻人知识范围狭窄，只有某一种技艺。

译文

孔子说：“君子不能像器皿一样（只有一定的用途）。”

塑品格

真空妙有 道生万法

“器”有形，有相，现实中大多数的人喜欢追求有形的东西，如金钱、分数、地位等，它们看得见摸得着，让人有安全感。而君子追求的恰恰相反，君子不执着于相，不执着于有形的东西，君子更多追求无形的东西，这个东西便是道，道无形但无处不在。这样的“不器”看似虚无缥缈，却可以幻化出很多有形的创造。这便是真空生妙有，道生万法。

微觉察

你知道哪些行业已经消失，哪些行业正在兴起吗？其中无形的道和有形的变化是怎样的呢？说说给你带来了怎样的启发。

节选二

读经典

子曰：“君子周①而不比②，小人比而不周。”

——《为政第二》

注释

①周：团结周围的人。

②比：原义指并列，这里指的是因共同利害而相互勾结。

译文

孔子说：“君子按照道义去团结别人，而不为了利益去相互勾结；小人为了利益去相互勾结，而不按照道义去团结别人。”

塑品格

心底无私 注重道义

君子按照“道”来行事，践行“己欲立而立人，己欲达而达人”的道理，守着利他之心行事，因此便会有更多的人愿与其共同创造。而小人依循“欲”来行事，遇到事情先考虑自己的利益得失，对他人的利益不予考虑，这样看似精明却失了道义，最后人心远离，难有成果。

| 微觉察 |

你知道“桃园三结义”的故事吗？他们是以利相交还是以义相交呢？

节选三

义者，天理之所宜也。君子的追求是道义，所以任何时候，考虑的都是行事是否符合道义。

读经典

子曰："君子喻①于义②，小人喻于利③。"

——《里仁第四》

注释

①喻：明白，懂得。

②义：合乎正义和道义的事情。

③利：私利，财利。

译文

孔子说："君子懂得的是义，小人懂得的是利。"

利者，人情之所欲也。小人追求的是欲望的满足，容易被欲望所困，劳无所获。

塑品格

大义为重 不贪小利

孔子认为君子和小人的主要界限在“义”“利”两个字上，这是两种不同的价值观和行为的出发点。君子在做一件事时，首先思考的是能够带来怎样的社会价值，而小人考虑的往往是自己在其中能收获怎样的好处。看似君子为了他人的利益而牺牲了自己的利益，实则他在其他方面有所收获；看似小人获得了利益，实则捡了芝麻丢了西瓜。

微觉察

你觉得利他和利己有着怎样的区别？请列出你认为具有利他精神的人物的名字。

节选四

读经典

子曰：“质[①]胜文[②]则野，文胜质则史[③]。文质彬彬，然后君子。”

——《雍也第六》

注释

①质：质朴，内在的含义、本质。

②文：文采，华丽的装饰，外在的形式、礼仪。

③史：本指掌管礼仪、文书的史官。这里比喻像史一样铺陈浮夸，并无诚意，缺少实质感情内容。

| 译文 |

孔子说："质朴多于文采，就显得粗野；文采多于质朴，又显得虚浮。文采和朴实，配合适当，这才是君子。"

塑品格

文质彬彬 相辅相成

"文"强调的是外在的表现方式，"质"强调的是内在的朴实无华。过度强调外在的表现方式会显得轻浮，走形式主义；过多强调朴实无华会显得刻板，没有情趣。所以"文"和"质"要平衡，如同烧菜一样，原料的品质要好，这便是"质"，烹调的方法也要好，这就是"文"，两者相辅相成才能做成一道美味佳肴。

| 微觉察 |

你觉得"以貌取人"有道理吗？为什么？

节选五

读经典

子曰：“君子坦荡荡①，小人长戚戚②。”

——《述而第七》

注释

①坦荡荡：平，宽广。

②长戚戚：总是患得患失，忧虑的样子。

译文

孔子说：“君子的胸怀平坦宽广，而小人总是患得患失、满腹忧愁。”

小人"长戚戚"，因为他们一生役于物，被欲望牵着鼻子走，想尽一切办法得到名利富贵，得到名利富贵以后，又日夜担心会失去，所以一生患得患失，忧愁不堪。

塑品格

心胸坦荡 无有恐惧

君子和小人的生命状态是不一样的，生命状态和内在的心性相关。君子不在意自己的得失，常心怀天下，所以胸怀坦荡；小人常患得患失，所以经常处于焦虑和忧愁的状态。在生活中我们的"君子态"和"小人态"常常轮番出现，比如有些人对于金钱不在意，却对孩子的成绩很在意。所以我们要多多觉察自己的内心，让自己的内心多处于豁达的"君子态"。

微觉察

有人说："一切都是最好的安排，坏事背后有好事。"你对此如何看？请举例说明。

节选六

读经典

子欲居九夷。或曰：“陋，如之何？”子曰：“君子居之，何陋之有？”

——《子罕第九》

译文

孔子想搬到九夷去住。有人说：“那里太简陋了，怎么好住呢？”孔子说：“君子住到那里，有什么简陋呢？”

塑品格

以德修身 照亮四方

君子可以改变环境而不是受环境的影响。刘禹锡在《陋室铭》中说：“山不在高，有仙则名；水不在深，有龙则灵。”昔日，王阳明被贬至“蛮夷之地”贵州龙场，在那里苦修悟道后，通过传播思想的方式把当地的人们变得文明有礼，龙场也成了心学的发源地。如今五百多年过去了，龙场因王阳明而闻名世界。所以，只要自己是光，那去往的地方便也会有了光。

微觉察

有人说：“环境影响人，为了孩子的成长孟母还三迁呢。”有人说：“最好的学区房是孩子的心房，孩子心性好了走哪哪儿好。”以上两种说法你同意哪种？为什么？

节选七

读经典

子曰：“君子和①而不同②，小人同而不和。”

——《子路第十三》

注释

①和：调和，和谐，相互协调。

②同：苟同。

译文

孔子说：“君子和谐但不同一，小人同一但不和谐。”

小人如同墙头草两边倒，不讲求原则，只一味附和别人，但是因为私欲过重，自私自利，所以不能与别人保持融洽友好的关系，这就叫作“小人同而不和”。

塑品格

和而不同 美美与共

和谐是中国社会主义核心价值观中很重要的一点。“和”的团队，大家有着共同的价值观和使命，但每个人的性格、特长等有所不同，大家彼此助力又相互包容。正如一道中国菜只有荤素搭配，加以各种佐料，才能色香味俱全。君子相处和而不同，他们可以独立做自己，又可以很融洽地和大家在一起，而小人在一起则反之，他们相互诋毁不能彼此包容，各行其道没有集体意识，所以难以长久。

微觉察

请找一家五星级酒店的大堂观察一下，体会设计中“和而不同”的智慧。

节选八

读经典

在陈绝粮，从者病，莫能兴。子路愠[1]见[2]曰：“君子亦有穷乎？”子曰：“君子固穷，小人穷斯滥矣。”

——《卫灵公第十五》

注释

①愠：生气，恼怒。

②见：同“现”，读xiàn，出现。

译文

孔子在陈国断绝了粮食，跟随的人都饿坏了，爬不起床来。子路很不高兴地去见孔子，说：“君子也有穷困的时候吗？”孔子说：“君子虽然穷，但依然会坚守自己的操行，而小人一穷就会为非作歹了。”

小人的特点是趋利避害，为了摆脱困窘，乱了心性，胡作非为。

塑品格

处变不惊 居穷不滥

外境无常，但内在的这颗心可以矢志不移、恒常不变地向上、向善、向美。一个人能不能处变不惊、居穷不滥，就是君子和小人的区别。小人碰到困难时，常发牢骚，打退堂鼓，冲垮大家共度艰难的合作气氛，而君子即使在穷途末路时，也能够看到希望的曙光，主动承担责任，带领大家走出困境。

微觉察

1921年，中国共产党刚成立时，才50多名党员，如今有9000多万。请查阅相关资料，了解当时的时代背景，说说困境中的中国共产党人是如何坚守自己的理想的。

节选九

读经典

子曰：“君子求诸①己，小人求诸人。”

——《卫灵公第十五》

注释

①诸：“之于”的合音。

译文

孔子说：“君子要求自己，小人要求别人。”

塑品格

做好自己 注重内求

君子遇到问题首先找自己的原因，而小人则喜欢找借口并且将责任推卸给他人！遇事找自己原因的人是掌握了“我是一切的根源”这一思维，这个思维告诉我们，只有通过自己的创造才能改变自己的人生。就算有些事情他人也存在问题，仍要思考自己如何主动破局，因为改变别人的难度远远超过改变自己的难度。让自己成为自己生命的主人，无论遇到什么，都觉察自身并且修炼自身。

| 微觉察 |

有人如此抱怨：“我小时候教育环境不好。”“要不是为了孩子，我早就成功了。”“都是那块石头把我的孩子绊倒了，打它！”你觉得他们的想法对吗？请说说你的想法。

节选十

读经典

子曰：“君子谋道不谋食。耕也，馁[1]在其中矣；学也，禄[2]在其中矣。君子忧道不忧贫。”

——《卫灵公第十五》

注释

①馁：饥饿。

②禄：做官的俸禄。

译文

孔子说：“君子只考虑谋求大道而不考虑谋求衣食。耕种土地，可能还会忍饥挨饿；学习，可能获取官位俸禄。因此君子只着急得不到道，不着急得不到财。”

塑品格

安贫乐道 内求自在

孔子“吾十有五而志于学”，这儿的“学”指的不是知识，而是“道”。孔子从青年时代开始便一直在求道，并且发出感叹“朝闻道，夕死可矣”；王阳明小时候便立志做圣贤。不同的追求便有不同的选择，求道是向自己的内心求，追寻明心见性，而很多人为了满足欲望，不断外求，他们渴望物质上的丰盛。不同的追求会有不同的结果，外求的收获常常显而易见，比如可以住好房子、开好车，而求道之人的收获却并不外显。所以很多人并不理解求道之人，觉得他们所得太虚，恰不知其可以安贫乐道，因为心光明了，在哪里都是自在幸福的。

| 微觉察 |

古语说：“书中自有颜如玉，书中自有黄金屋。”请联系生活实际谈谈你的理解。

节选十一

人生少年、壮年和老年三个阶段，因为气血盈虚不同，需要分别做到戒色、戒斗、戒得。

读经典

孔子曰：“君子有三戒：少之时，血气未定，戒之在色；及其壮也，血气方刚，戒之在斗；及其老也，血气既衰，戒之在得。”

——《季氏第十六》

|译文|

孔子说：“君子有三件事情需要戒备：年轻的时候，血气还未稳定，需要戒备的是贪恋女色；到了身强力壮的时候，血气正旺盛，需要戒备的是争强好斗；到了年老的时候，血气已经衰弱，需要戒备的是贪得无厌。”

塑品格

控制欲望 远离诱惑

苏轼曾说：“伤生之事非一，而好色者必死。”“色”字头上一把刀，在年少的时候，一定要自动远离美色，远离诱惑，节制欲望。曾国藩曾说：“士有三不斗：勿与君子斗名，勿与小人斗利，勿与天地斗巧。”人到壮年，最应该保持一颗平和的心，不为名利欲望勾心斗角，凡事宽容一点，看到的自然更广阔。《史记》中说：“欲而不知止，失其所以欲；有而不知足，失其所以有。”人要懂得满足、节制，老年人应该多想开心的事，放下过往，自在当下。

| 微觉察 |

汉成帝即位后，荒淫无道，一方面从未关心过朝政，都交给外戚打理，另一方面，整日沉迷于后宫淫乐，最后因纵欲过度而亡。说说你从中获得怎样的启示。

节选十二

读经典

孔子曰：“君子有三畏：畏天命，畏大人，畏圣人之言。小人不知天命而不畏也，狎①大人，侮圣人之言。”

——《季氏第十六》

注释

①狎：轻慢，不尊重。

译文

孔子说：“君子有三件害怕的事：怕天命，怕道德高尚的人，怕圣人的言论。小人不懂得天命因而不怕它，还轻慢道德高尚的人，亵渎圣人的言论。”

小人心中只有“自我”，而无“大道”，不知天命，故不识义理，无所忌惮。

塑品格

心存敬畏 得道多助

我们敬畏谁，谁便可以帮助我们！如果我们敬畏天地，不过度耗费自然资源，天地便给我们安宁的环境；如果我们敬畏父母，不对父母顶撞叛逆，父母便会对我们关爱有加；如果我们敬畏孩子，不对孩子指责打骂，孩子便会孝顺感恩；如果我们敬畏老师，尊重老师并且多听教诲，老师便会为我们传道解惑。敬畏会给我们带来好运，而无敬畏之心，好运便会远离。

| 微觉察 |

当代的我们在哪些方面缺乏敬畏呢？请结合实际谈谈你的看法。

节选十三

孔子从九个方面论述如何提高个人修养的问题，被称为“君子九思”，包括了内在思想和外在表现。子曰：克己复礼为仁。君子要从九个方面来省察自己、约束自己，从而做到仁德。

读经典

孔子曰：“君子有九思：视思明，听思聪，色思温，貌思恭，言思忠，事思敬，疑思问，忿[1]思难，见得思义。”

——《季氏第十六》

注释

①忿：发火，发怒。

| 译文 |

孔子说："君子有九种要考虑的事：看东西的时候，要考虑自己是否看清楚了；听声音的时候，要考虑自己是否听明白了；脸上的颜色，要考虑是否做到了温和；对于自己的容貌，要考虑是否做到了恭敬；说话的时候，要考虑自己是否做到了真诚；做事的时候，要考虑自己是否做到了认真；有了疑问的时候，要考虑自己是否向别人请教了；发怒的时候，要考虑有什么后患；看见可得的时候，要考虑我是否应得。"

塑品格

学以致用 知行合一

道要通过行为来践行，也就是王阳明说的"事上修"。孔子教导我们通过"视、听、色、貌、言、事、疑、忿、见得"等九个方面，不断觉察自己的点滴行为，保持正念，知错立改，按照君子的标准来要求自己。我们不应只在头脑中知道什么是道义，更要在行为上践行道义，做到知行合一，学以致用，分秒觉察，分秒精进。

| 微觉察 |

你知道"周处除三害"的故事吗？你从中受到了怎样的启发呢？

第七章

博学笃行

本章导读

我们为学首先要广泛涉猎，培养充沛而旺盛的好奇心，如此才能兼容并包，使为学具有世界眼光和开放胸襟。学有所得，就要努力践履所学，使所学最终有所落实，做到“知行合一”。

那么，孔子是怎么对待学习的呢？他又是怎样将所学付诸行动的呢？

请走进本章，一起用心去悟。

本章箴言

◇学而时习之，不亦说乎？有朋自远方来，不亦乐乎？人不知而不愠，不亦君子乎？

◇敏于事而慎于言。

◇知之为知之，不知为不知，是知也。

◇学而不思则罔，思而不学则殆。

◇敏而好学，不耻下问。

◇三人行，必有我师焉。

◇古之学者为己，今之学者为人。

节选一

把学到的知识和智慧用在生活中，可以帮助我们解决难题，提升品德和修养，让我们每一天都可以过得很有意义，这不是一件快乐的事情吗？

读经典

子曰："学而时[①]习之，不亦说[②]乎？有朋自远方来，不亦乐乎？人不知而不愠[③]，不亦君子乎？"

——《学而第一》

注释

①时：时时，经常。

②说：同"悦"，读yuè，高兴。

③愠：恼怒，怨恨。

译文

孔子说："学了，然后按一定时间温习它，不也愉快吗？有志同道合的人从远方来，不也快乐吗？人家不了解我，我也不怨恨，不也是君子吗？"

塑品格

博爱好学　积极乐观

对于学问，有人认为"学海无涯苦作舟"，而孔子觉得学习是一件让人身心愉悦的事情；对于朋友，有人觉得社会交往很麻烦，希望躲在自己个人的小世界里，而孔子很欢迎志同道合的朋友与自己敞开心扉交流；对于他人的误解，很多人过度在意，难以释怀，而孔子觉得面对不理解，应调整好自己的心态从容接纳，不为此烦恼。这便是君子之态。

微觉察

你知道"习"字的甲骨文怎么写吗？这个字的本义是什么呢？说说给你带来了怎样的启发。

节选二

读经典

子曰：“君子①食无求饱，居无求安，敏于事而慎于言，就②有道而正③焉，可谓好学也已。”

——《学而第一》

注释

①君子：这里指的是有德行的人。

②就：靠近，接近。

③正：匡正，端正。

| 译文 |

孔子说：“君子吃饭不求饱足，居住不求安逸，做事勤奋而言语谨慎，到有道德的人那里匡正自己，这样，可以称得上是好学了。”

塑品格

时刻觉察 勤勉慎言

我们要随时对自己的言行做觉察，保持谦虚好学的心态，减少自己的欲望。吃饭的时候要有节制，过度饮食是无法控制自己的欲望的表现，会伤害身体；住房子不要贪图奢华，而是心安处处是家；讲话的时候不能想说什么就说什么，要注意场合和考虑他人感受。行为要胜于言语，做事情要兢兢业业，勤奋踏实。这些都是孔子对我们如何在日常生活中进行修行的劝勉。

| 微觉察 |

在学习上、事业上、心境上有成就的人，他们在日常生活中有着怎样的表现呢？

节选三

读经典

子曰：“由①！诲女知之乎！知之为知之，不知为不知，是知②也。”

——《为政第二》

注释

①由：即子路。

②知：同“智”，读zhì，智慧。

译文

孔子说：“由啊，教给你对待知或不知的正确态度吧！知道就是知道，不知道就是不知道，这就是聪明智慧。”

诚实就是勇敢，勇敢面对自己的无知，这才是真正的求学。

塑品格

真诚谦虚 求学之道

如果一个人不知道却假装知道，少了真诚和谦虚，他人便也无法给予相对应的帮助。真诚是好运的基础，谦虚能够得到贵人的帮助。一个人处事要实事求是，这个“是”就是规律，就是“道”，真诚和谦虚就符合道，当自己知道自己不知道的时候，多去请教他人而不是自以为是，保持空杯心态而不是自命不凡，这样才是求学之道！

| 微觉察 |

有人说：“让一个人承认自己的无知，需要相当长的时间和相当多的知识。”请联系生活实际谈谈你的看法。

节选四

读经典

子曰：“学而不思则罔①，思而不学则殆②。”

——《为政第二》

注释

①罔：同“惘”，诬罔，迷惑。

②殆：危险。一说疑惑，另一说没有信心。

译文

孔子说：“只是读书而不思考，就会迷惘受骗；只是空想却不读书，就会出现危险。”

塑品格

思考运用　转识成智

知识和思考要相辅相成，互相转化！我们学习圣贤的智慧，如《论语》，如果只是单纯背诵而没有经过自己的思考落地实践，就难以给自己带来好处，甚至会陷入知识的教条主义中；但一味靠自己的思考，而不借鉴前人的智慧，过于自负，不仅会耗费大量时间，同时也会带来危险。人类的发展就是在汲取前人经验和智慧的基础上，不断与时俱进，形成自己的智慧并解决当下的问题。

| 微觉察 |

孟子说：“尽信书不如无书。”请联系生活实际谈谈你的看法。

节选五

读经典

子贡问曰："孔文子何以谓之'文'也？"子曰："敏而好学，不耻下问，是以谓之'文'也。"

——《公冶长第五》

译文

子贡问道："孔文子的谥号凭什么叫'文'呢？"孔子说："他聪明灵活，喜爱学习，不以向比自己地位低的人请教为耻，所以他有'文'的谥号。"

塑品格

敏而好学 不耻下问

在古代，具有经天纬地之才的人才被称为“文”，比如周文王。不耻下问，便是我们要放下分别心，谦虚空杯，从一切人身上有所收获，因为每个人都有自己擅长的部分，例如，可以向渔夫问询捕鱼的秘诀，可以向篮球高手请教打球的秘诀，可以向孩子请教活在当下的秘诀。当我们带着谦虚的心态，就会发现，人人都是我们的老师，其实不在于他人告诉我们什么，而在于我们自己可以悟到什么，同时，我们也放下了自己的分别心，可以和一切人在一切处学习。

| 微觉察 |

说说你从身边的人身上学到了什么。

节选六

读经典

子曰：“三人行，必有我师焉；择其善者而从之，其不善者而改之。”

——《述而第七》

译文

孔子说：“几个人一起走，其中肯定有值得我学习的人；选取那些优点而学习，看出那些缺点加以改正。”

塑品格

谦虚空杯 集思广益

三人行必有我师。一个擅长学习的人可以从一切中汲取自己需要的部分，这便是“见贤思齐焉，见不贤而内自省也”。同时我们应知道，学习的根本在于“我”，不在于“外”，我是主缘，外是助缘，当自己带着谦虚之心和觉察之思的时候，我们可以随时学习并且收获他人的相助。

| 微觉察 |

哈佛大学一位教授在课堂上出了这样一道题目：“如果你们面前有一个带洞的杯子，你们准备怎样把它补好，使它不再漏水呢？”你会怎样回答这个问题呢？

节选七

读经典

子曰：“古之学者为己，今之学者为人。”

——《宪问第十四》

译文

孔子说：“古代学者的目的是提高自己的道德学问，如今学者的目的却是装饰自己，向别人炫耀。”

后来的学者把求学当成工具，用学问牟取私利。

塑品格

修行自己 惠及他人

学习的出发点不一样，得到的结果也不一样。有些人以求知、修身为目的，便会专注于智慧的探索，追求智慧的真谛，享受智慧带来的喜悦，为天地立心，为生民立命，为往圣继绝学，为万世开太平。有些人以利益、炫耀为目的，不断外求而不回归本心，虽然获得了很多知识，却不能心性绽放。

微觉察

年少的王阳明为成为圣贤而读书，年轻的周恩来为中华之崛起而读书……你是为什么而读书呢？

第八章

礼乐之美

本章导读

中华民族自古以来都是礼乐之邦，尚“雅”，尚“静”，求“善”，尽“美”。礼乐对中国产生了重大而深远的影响，广泛而深刻地渗透于政治、军事、教育、宗教、伦理以及文化艺术之中，成为人们思想情感中的一部分，形成了周秦以来数千年中国传统文化的基本范式。

那么，孔子为何那么重视礼乐？他又是怎么做的呢？

请走进本章，一起深入学习。

本章箴言

◇《诗》三百，一言以蔽之，曰“思无邪。”

◇ 礼，与其奢也，宁俭；丧，与其易也，宁戚。

◇ 君子无所争。

◇ 吾不与祭，如不祭。

◇ 兴于《诗》，立于礼，成于乐。

◇《诗》，可以兴，可以观，可以群，可以怨。

节选一

读经典

子曰：“《诗》三百①，一言以蔽②之，曰‘思无邪’。”

——《为政第二》

注释

①《诗》三百：《诗》即《诗经》，《诗经》有305篇，人们常用“《诗》三百”这一整数的说法来指代《诗经》。

②蔽：概括，包盖。

译文

孔子说：“《诗经》三百篇，用一句话来概括它，就是‘思想没有邪念’。”

不学诗，无以言，《诗经》中很多劝诫的语言温柔敦厚，可以学习其中言语的艺术。

塑品格

致敬经典 用心传承

《诗经》是我国文学史上划时代的作品，也是世界文化长廊中一块绚丽夺目的瑰宝。《诗经》是最早期人们在田里干活的时候，由心流淌的歌谣，记录的都是老百姓的心声，有一种源自自然的恰到好处的美感。孔子到了晚年，对《诗经》进行了一次大规模的删改修订。《诗经》思想纯正，内容健康，脍炙人口。《诗经》中文字和语言的表现不同，却都传递着美好的正念。当我们浅吟低唱《诗经》时，瞬间与几千年前的古人进行连接，这便是民族文化传承的力量。

| 微觉察 |

请诵读《关雎》，说说你从中感受到了什么。

节选二

读经典

林放[①]问礼之本。子曰："大哉问！礼，与其奢也，宁俭；丧，与其易[②]也，宁戚[③]。"

——《八佾第三》

注释

①林放：姓林，名放，字子上，据说是孔子的学生。

②易：把事情办妥。此处指周到地办理丧葬的礼仪。

③戚：悲哀。

译文

林放请教礼的本质。孔子说："这个问题太重要了！就一般礼仪说，与其奢侈浪费，宁可朴素节俭；就丧礼说，与其礼仪周全，宁可过度悲哀。"

诚于中，形于外。礼是以真诚的情感为基础的，而不仅是虚文浮饰的事物。我们不能为了追求外在的奢华和周到，失去了真诚的根本。

塑品格

抓住本质 恪守本心

礼的本质是敬，而非仪式上的奢华。孔子告诉我们凡事要抓住本质，而不是外在的形式。对于礼而言，最重要的是有一颗虔诚敬畏的心，而不是过度奢华的排场。现在有些人虽然排场很大，但其实只是为了炫耀自身而非心怀敬畏。对于丧事而言，最重要的不是仪式的周全，而是怀有缅怀诚意之心。敬畏和诚意才是礼的关键！

| 微觉察 |

为了表达对老师的感激之情，有些家长会在孩子毕业时为孩子举办昂贵的“谢师宴”。你是否赞同这种做法？为什么？

节选三

读经典

子曰："君子无所争。必也射①乎！揖②让而升，下而饮。其争也君子。"

——《八佾第三》

注释

①射：射箭，这里是指射礼，是周礼中规定的射箭比赛。

②揖：作揖，指拱手行礼。

译文

孔子说："君子没有什么可以争的事情。如果有所争，一定是参与射礼了。（他们）互相作揖谦让后上堂比赛射箭，比赛射箭结束后下堂一起饮酒。这是很有礼貌的君子的竞争。"

射礼竞争，在比赛开始前、中、后都有礼有节地进行，即使要分高下，君子也会表现得谦逊有礼，所以叫作君子之争。

塑品格

以礼相待 不争之争

人生中充满了竞争，考场、商场、战场、竞技体育场等处处有竞争。小人之争执着输赢，君子之争重在“礼”与“和”。在西班牙举行的自行车赛中，车手埃斯特万在距离终点只有 300 米时不幸遭遇爆胎，他只能扛起自行车跑向终点，此时他身后的竞争对手纳瓦罗没有超越，而是慢慢地跟在爆胎的埃斯特万身后！后来，取得冠军的埃斯特万想把奖牌送给纳瓦罗，但纳瓦罗婉拒了。这便是君子之争，不在乎输赢，而在于正心！

| 微觉察 |

有人说：“过于强调谦逊礼让，会抑制人们积极进取、勇于开拓的精神，成为社会发展的道德阻力。”你是否同意这种说法？为什么？

节选四

祭祀贵在诚敬，如果自己无法参与祭祀，就让其他人代之，那么祭祀的真诚便达不到了。虽然这样显得礼仪周全，但其实缺了一颗“敬”的心，就如同没有参与一样。

读经典

祭如在，祭神如神在。子曰：“吾不与祭，如不祭。”

——《八佾第三》

译文

祭祀祖先时，好像祖先真的在那里；祭神的时候，好像神真的在那里。孔子说：“我若不能亲自参加祭祀，是不请别人代理的。”

塑品格

诚心于内 恭敬于外

为人处世，诚和敬的精神品格尤为重要。对待日常生活中的各种仪式，大至祭祖，小至庆生、开学等，其内核在于对祖先的追念，对过寿之人的祝福，对开学之人新一学期的希冀……而不是只出现在现场，走走过场。仪式感除了仪式本身之外，更重要的是参加仪式的人身在、心也在，如果仅仅是为了仪式而仪式，便失去了仪式本身的意义，沦为了形式主义。

微觉察

你知道“身在曹营心在汉”是什么意思吗？我们怎样才能做到身心合一呢？

节选五

诗本性情。《诗经》有着强大的感染力，可以启迪心智、陶冶性情，使人懂得人生的真义，感人又易入门，所以“兴于《诗》”。

读经典

子曰：“兴①于《诗》，立于礼，成于乐。”

——《泰伯第八》

注释

①兴：兴发，激励。

译文

孔子说：“《诗经》使我得到激励，礼使我能在社会上站得住，音乐使我的所学得以完成。”

塑品格

循序渐进 成人成才

《礼记·孔子闲居》中说：“志之所至，诗亦至焉；诗之所至，礼亦至焉；礼之所至，乐亦至焉。”这告诉我们：诗、礼、乐三者之间有着循序渐进的关系，我们学习可以先从感兴趣和容易的事情入手，然后依循礼并找寻学习的规律，理性地去思考，最后方能达到心性的绽放，自然自在。

| 微觉察 |

你的梦想是什么？为了达成这个梦想，你有着怎样的规划呢？

节选六

生活在这个社会上，人们需要扮演各种各样的社会角色，每个人都要明白自己的社会责任，做好自己应该做的事。学习《诗经》就是培养人们品德的一个好方法。

读经典

子曰："小子何莫学夫《诗》？《诗》，可以兴，可以观，可以群，可以怨。迩[①]之事父，远之事君；多识于鸟兽草木之名。"

——《阳货第十七》

注释

①迩：近的。

译文

孔子说："年轻人为什么没有人研究《诗》呢？《诗》，可以激发我们的志趣，可以提高观察力，可以让我们合群，可以学得讽刺方法。近呢，可以运用其中的道理来侍奉父母；远呢，可以尽忠君主；还能够多认识鸟兽草木的名称。"

塑品格

诗和远方 意味深长

中国是诗书礼乐之邦，诗歌与德育、美育、智育的关系深远而直接。学习诗歌，可以提高审美，提升品格，彰显气质，凝练语言。诗歌语言简洁，言外留白的意境意味深长，很值得想象和品味；诗歌富有节奏，让人们的工作和生活有韵律美。诗歌的背后是中华民族五千年的悠久历史，是底蕴深厚的民族文化，值得我们重视和学习！

微觉察

如果你感兴趣，请查阅一下《论语》中有关《诗经》的描述有多少处，研究一下孔子为什么这么重视诗教。

第九章

谨言慎语

本章导读

言语是一门艺术。有人说，智者一辈子有三不说：没有用处的话，不说，说多了，浪费时间；恶意伤人的话，不说，说多了，害人害己；背后捣乱的话，不说，说多了，众叛亲离。

那么，孔子言语中的智慧是什么？他又是如何教导学生的呢？我们又该怎么把握说与不说的度呢？

请走进本章，一起学习如何好好说话。

本章箴言

◇巧言令色，鲜矣仁！
◇先行其言而后从之。
◇君子欲讷于言而敏于行。
◇御人以口给，屡憎于人。
◇知者不失人，亦不失言。
◇小不忍，则乱大谋。
◇四时行焉，百物生焉，天何言哉？

节选一

读经典

子曰：“巧言令色，鲜矣仁！”

——《学而第一》

译文

孔子说：“满口的花言巧语，一脸的谄媚表情，其仁义之德肯定很少！”

塑品格

言为心声 摈弃浮华

花言巧语、表情谄媚的人，表面上是为了讨他人欢心，实则是为个人牟取私利，这种人是缺少仁义的。孔子总结了规律：当一个人光说好听的话，一味拍马屁并且面露谄媚之色时，我们往往要保持警惕，因为我们的内心常常希望得到他人的赞美，渴望被他人认同，一旦我们不能坚守本心，沉迷于赞美之中，很可能迷失自我，最后上当受骗。因此，对于真诚给我们建议的人，我们要感谢；对于一直拍马屁的人，我们要远离。

微觉察

有人说：“刚毅木讷的人往往有着大智慧，而圆滑玲珑的人都是在耍小聪明。”你对此如何看呢？为什么？

节选二

读经典

子贡问君子。子曰：“先行其言而后从之。”

——《为政第二》

| 译文 |

子贡请教怎样才能做一个君子。孔子说：“对于你要说的话，先实行了，再说出来。”

事情做成功了，再告诉别人自己当初的想法，这是一种踏实做事的态度。身体力行，才能为别人做好表率。

塑品格

行动为先 言语为后

清华大学的广场上有一个日晷(guǐ)，上面刻着四个字："行胜于言。"这四个字是清华大学的校风，告诉莘莘学子：行动更能彰显一个人的伦理道德和价值。有些人不善言谈，但行动力很强，如"貌寝口讷，而辞藻壮丽"的西晋文学家左思，他构思十年写成《三都赋》，一经发表，豪贵之家竞相传写，一时间"洛阳纸贵"。所以，作为君子，应当敏于行动，而不是只说说而已。

| 微觉察 |

行动有言行、身行，你觉得哪种行动更重要呢？为什么？

节选四

读经典

或曰：“雍①也仁而不佞②。”子曰：“焉③用佞？御④人以口给⑤，屡憎于人。不知其仁，焉用佞？”

——《公冶长第五》

注释

①雍：姓冉，名雍，字仲弓，孔子的学生。

②佞：能言善说，花言巧语，有口才。

③焉：安，何。

④御：抵御，抗拒。这里指辩驳，与人顶嘴。

⑤口给：言辞敏捷。给，读jǐ。

| 译文 |

有人说："冉雍这个人有仁德，但没有口才。"孔子说："何必要有口才呢？伶牙俐齿地同别人争辩，常常被人讨厌。我不知道他是否可称得上仁，但为什么要有口才呢？"

孔子认为逞口舌之利的人，缺乏真诚，只是为了一时的争强好胜，会招来更多的厌恶。

塑品格

心存善念 以德取人

孔子不断地强调，一个人最重要的是仁义的德行，而不是口才的表达，看一个人要看其本质，而不是看其外表。生活中有些人看上去有些木讷，却有一颗慈悲的心，有些人高谈阔论，但是面对问题却不愿承担责任。所以，我们不要以貌取人，而应以德取人！

| 微觉察 |

有人说："口才好的人才能出人头地。"你是否同意这种说法？

节选五

我们讲话要看准对象。对不同的对象要有不同的表达，这样做才不会“失人”。

读经典

子曰：“可与言而不与之言，失人；不可与言而与之言，失言。知(zhì)者不失人，亦不失言。”

——《卫灵公第十五》

译文

孔子说：“可以同他谈谈知心话，却不同他谈，这是错过了人才；不可以同他谈知心话，却同他谈了，这是浪费言语。有智慧的人既不错过人才，也不浪费言语。”

塑品格

提升智慧 做好判断

人最宝贵的是时间。孔子教导我们要把宝贵的时间用在有用之处，可如何有用呢？这需要我们有判断力，其中包含对人的判断。比如同一个人谈话后，如果觉得这个人不值得交流，就不用继续；如果觉得这个人有水平，便要多多请教并且珍惜这个人才，而不是与之失之交臂。我们每天都在选择，应选择将时间和精力放在哪里，又该如何做选择呢？这需要我们提升智慧，如此方能提升判断力。

| 微觉察 |

对牛弹琴——白费劲，联系本节内容，说说你有何启发。

节选六

读经典

子曰：“巧言乱德。小不忍，则乱大谋。”

——《卫灵公第十五》

| 译文 |

孔子说：“花言巧语损害道德。在小事情上不能忍耐，就会败坏大事情。”

塑品格

控制情绪 长久谋划

不少人没有处理好情绪便去处理事情，这样不仅事情没有处理好，还带来很多新的问题。孔子说的“忍让”便是让我们要抓住重点，而不是沉浸在自己的情绪中无法自拔。一个做大事的人，要有整体观，并且能够沉住气，不经常陷入情绪之中，韩信忍一时胯下之辱终成名将便是很好的印证。

| 微觉察 |

你觉得德行好的人说话做事应该是怎样的呢？你觉得口才的本质是什么？

节选七

读经典

子曰：“予欲无言。”子贡曰：“子如不言，则小子何述焉？”子曰：“天何言哉？四时①行焉，百物生焉，天何言哉？”

——《阳货第十七》

注释

①四时：指四季。

译文

孔子说：“我不想讲话了。”子贡说：“您如果不讲话了，那么我们传述什么呢？”孔子说：“上天讲过什么话吗？然而四季正常运行，百物照样生长，上天讲过什么话吗？”

塑品格

大音希声 道法自然

老子在《道德经》中说“大音希声”，即最大的声音是没有声音。庄子也提出“天地有大美而不言，四时有明法而不议，万物有成理而不说”。这些与孔子所说的“天何言哉”不谋而合。诸多圣贤告诉我们，自然是最好的老师，我们需要静下心来内求，与自然连接和对话，遵从自然规律做人做事，道法自然，要多悟。

|微觉察|

自然中有无穷的智慧，它的不言中有着千言万语。联系实际生活，说说你通过自然悟到了什么。

后记

我喜欢读经典，经典是人类智慧的结晶，《道德经》《论语》《易经》等都是我的最爱，经典中有智慧、有能量、有空间，跨越千年岁月依然熠熠生辉。

这些经典中也蕴含着许多的品格教育内容，例如：《论语》中的“己所不欲，勿施于人”教导人们要换位思考，《道德经》中的“飘风不终朝，骤雨不终日”告诉我们一切都是无常的，再坏的事情也会过去。《易经》中的“天行健，君子以自强不息。地势坤，君子以厚德载物”告诉我们要耕心种德。这些经典中包含着重要的人生哲学和思维方式，我也希望更多的青少年可以多读经典，感悟自己的人生。

当然，这些经典跨越了千年，古文言并不容易理解。如何能让这些宝贵的经典更能贴近现在的青少年们，让他们更早感受到其中的精髓和美妙，并通过对经典的学习来塑造品格？所以，我们策划了“读经典　塑品格”系列图书，通过解读经典，再结合当今实例来引导青少年形成正确的人生观和价值观。

《论语中的处世哲学》是本系列图书的第一本。《论语》蕴含着孔子对这个世界的解读，对人与人之间相处的劝诫，对人生自我修行的箴言。从某种意义上说，孔子的思想是我们民族传统价值观的来源。我们结合现代青少年品格塑造的几个方面，从《论语》中选取了八十一则与青少年成长相关的内容编辑成书，同时加入了插画，让这些经典内容更加鲜活生动，便于青少年理解。基于每篇的主体内容，做了延展的“塑品格”论述，让经典可以与我们当下的生活相联系。在每篇的最后，我们希望读者们可以通过“微觉察”来做思考，三省吾身，同时，我们又不希望给大家绝对的标准答案，因为就算经典也是每个人都可以有自己不同的理解与解读，所以希望大家可以一起来探讨，并在探讨中更加明白经典的意义。

非常感谢“爱自然生命力”体系创始人林青贤（字恒辰）先生、世界儒学大会秘书处秘书长孔祥林先生为本书作序，感谢何亚珂老师、张煜老师、谢晨老师、李娟老师、沐芸老师以及所有为此书出版付出努力的伙伴。我们很努力地想把此书做好，但依然有很多不足之处，还请大家多提宝贵意见！虽然水平有限，但依然选择出发，如孔子所说：“譬如平地，虽覆一篑，进，吾往也。”

期待着包括青少年在内的广大读者能够通过此书思考自己的人生，不负韶华，为天地立心，为生民立命，为往圣继绝学，为万世开太平。

朱晓平

2022 年 9 月 28 日